大樂文化

大樂文化

大樂文化

稅務專家教你用
指數基金賺千萬

簡單5張表格，幫你達成財務自由！

簡七◎著

第1章　理財第一步，學窮查理的致富思考　015

Contents

第4章

第5章

巴菲特也推薦的指數基金，讓你獲利多一倍 153

第6章

活用5張表，理財投資更有效率 203

推薦序

閱讀本書，就像是與一位懂理財的朋友聊天

懶人經濟學創辦人　小賈

二〇一八年我在上海的證券業工作，負責撰寫產業研究報告以及理財科普文章。有一次，文章被當地朋友看見，他說：「你寫的文章和簡七好像喔！他們現在正在徵人，要不要幫你介紹一下？」

於是我在百度上搜尋簡七，對他們團隊介紹中的一段話印象很深刻：「我想把紛繁複雜的金融世界，寫成一本言情小說，情節簡單、結局明瞭。」

我最後選擇留在當時任職的上海券商，下班後經營台灣的理財科普粉絲專頁。沒想到兩年後，竟然能為簡七的新書作序。

這本書簡單說來是一本理財投資的入門寶典，但說得深一點，從理財觀念到投資工具，都做了系統性的介紹，書中沒有爆富的誘惑，也沒有讀起來舒服的雞湯，

因此建議想學習理財投資的朋友都可以翻閱此書。

透過本書，你能獲得一位說話的朋友，他會告訴你：學習理財該從哪裡開始？常見的投資工具有哪些？怎麼判斷投資商品的風險？書中沒有艱深的教條文字，或是密密麻麻的數據。

學會這些知識後，**最好的驗證方式就是實際去做**，比如記帳、保險、投資，從這些方面展現你對錢的行動力。怎麼說呢？因為大部分的人都只是嘴上說愛錢，但真的會為錢付出行動、做出改變的人少之又少。但別太擔心，如果你翻開本書，其實就已經踏出成功的第一步。

需要注意的是，書中部分產品如券商理財，在台灣的使用體驗與中國稍有不同，但對**這類投資商品的風險認識、投資思路，是可以讓我們借鑑的地方。**

最後，我很高興能在理財投資科普的領域中遇見簡七的文字，我們都希望能透過學習，幫助對投資有興趣的朋友少繞遠路。在閱讀或實際操作上如有任何問題，也歡迎與我討論。

前言
稅務專家的我，除了會節稅，更懂得把錢變多！

我們的故事始於二〇一三年。我從財經院校畢業後，進入金融機構，儘管每天辛苦工作，卻無法在工作和生活之間取得平衡，理想中的自由生活與我漸行漸遠。因為行業和就讀專業的緣故，我開始關注理財與投資的資訊，卻發現市面上的內容，就連具備基礎知識的我也難以立刻學習與吸收。於是，我與朋友利用工作之餘，嘗試用簡單有趣的方式介紹理財知識，創作關於個人理財的科普內容，立志打造最易親近的新手理財互助社群。

短短幾年，我們透過豆瓣小組、簡七論壇、「簡七讀財」的官方帳號、各大網路電台、閱讀平台等，認識上百萬名志同道合的伙伴，並獲得許多人的支持與信任。透過小小的堅持與努力，產生幫助別人的力量，讓我們出現幫助更多人的想法。

其實我想出書的念頭由來已久，早在幾年前就開始與多家出版社洽談。我們寫了多種版本的文稿，多次嘗試策劃方案，卻始終未能付梓。仔細回想箇中原因，應該是理想的內容尚未在我們心中成形，所以不願倉促地把作品交到讀者手中。

在這個過程中，團隊歷經起伏與生死存亡。經過四年的探索與嘗試，終於在二〇一七年，憑藉網易雲和十點讀書平台的付費課程，從個人的公益理財科普論壇，晉升為自負盈虧、自由生長的團隊。

從建立簡七讀財論壇的第一天起，我們只想做個堅持自己立場、用白話講解理財知識的平台，現在也仍然相信這件事的價值。這四年間，我們堅持原創，立足新手理財教育，始終用最簡單生動的語言，深入淺出地講解理財知識。

賺錢不是容易的事，但學會理財、培養財經頭腦，對每個人都非常重要。我們透過製作課程再次整理與琢磨，累積更豐富的知識庫、打造更嚴謹的體系，使得本書的輪廓逐漸清晰。以下簡介本書的三個特點。

第一，這是經得起時間考驗的理財寶典。一般人總是喜歡比較：看到別人已經做過或正在做的事情，而跟著去做。但我們始終認為，應該運用「第一原理思維」，而不是「比較思維」去思考問題。因此，本書沒有無法複製或炫耀式的成功經驗，也沒有只為吸引他人目光、馬後砲的趨勢判斷。我更喜歡仔細說明知識和解釋原因，其餘的交由讀者判斷。

本書運用第一原理思維的方式解析，層層剝開事物的表象，讓讀者看到本質和不變的道理，然後從本質往外發展。我們希望到老都能持續現在正在做的事情，也希望你在多年後依然願意翻閱本書。

第二，這是實用的理財工具書。我們花費四年時間，從浩如煙海的資訊中，找出普通人必經的理財之路。本書沒有一夜暴富的誘惑，沒有讀起來順口的「雞湯」，更多的是切己體察、知行合一的經驗分享。我們以財務作為切入點，提出步驟、工具帶領你實踐理財，進而理出理想生活的清晰模樣。

第三，這是生動有趣、簡單易讀的理財入門書。我想把紛繁複雜的金融世界，寫得情節簡單、結局明瞭，只希望讓打開這本書的你有所收穫。

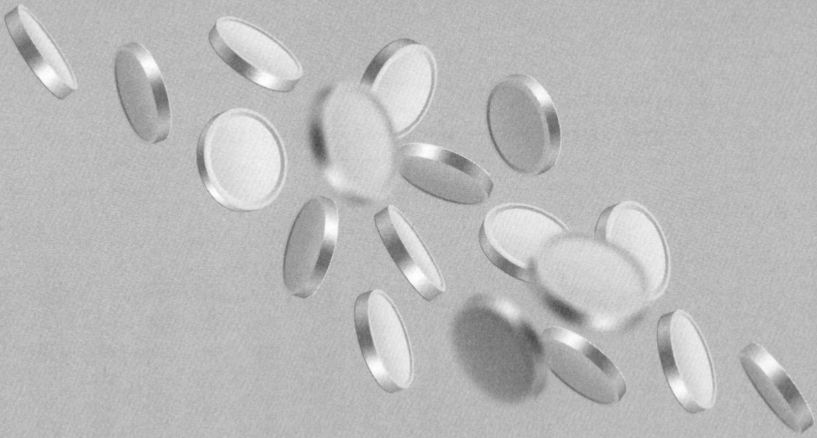

一個人的富有程度，跟他能夠忽略的東西數量成正比。

——梭羅（Henry Thoreau）

第1章

理財第一步，學窮查理的致富思考

窮查理說想變富有，要逆向思考如何避免變窮

有些發布在微信朋友圈中的文章標題，總是令人特別刺眼和怵目驚心，例如：「貧窮是一種病，而且還會傳染」、「你憑什麼窮得那麼心安理得」等。類似內容的文章經常被大量轉發分享，於是造就一篇又一篇洗版、轉發破萬的爆紅文章。

為什麼人們會覺得自己缺錢？因為我們對金錢都抱有誤解。或許連你自己都無法想像，其實很多時候，阻止自己變成有錢人的正是我們自己。

也許你會問：「我每天努力學習與工作，不就是為了讓自己與家人能過上幸福的生活嗎？我真的在和錢作對嗎？」人們之所以對富人有誤解，往往是因為多數人和富人的思維不一樣。

查理・蒙格（Charles Munger）是股神巴菲特的好搭檔，他們已經合作幾十

年，而他的投資理念和智慧影響許多人。

蒙格曾說過兩句非常著名的話，一句是「如果我知道自己會在哪裡死去，一定不會去那個地方」，另一句是「如果我想幫助某個國家，比如印度，我應該怎麼幫助它呢？我應該先思考什麼事情會傷害它。只要不去做那些會傷害它的事，就算是幫助。」

這兩句話也可以解釋投資的逆向思考，**想要變得富有，不妨用逆向思維，想清楚究竟是什麼讓自己變窮，然後避免這些問題**。讓我們來看一道算術題，這道題目能直觀地告訴各位，為什麼要特別關注讓人們失去財富的因素。

假設你拿著一萬元去投資一支股票，今天便能漲停，但第二天的表現正好相反，股票將跌停。那麼，經過一次漲停、一次跌停，你是賺還是虧呢？

試著計算便知道是虧損。相反地，即使是先跌停再漲停，也難以彌補跌停帶來的損失，而且之前的虧損也會影響財富增長。從這道題目來看，我們可以說，不論你藉由投資賺到多少錢，只要有一次相當程度的失誤，很可能讓過去的累積功虧一簣。

❖丹尼爾的故事

我分享另一個有點極端的生活案例，是個真實故事。丹尼爾今年二十三歲，剛從大學畢業，他希望能在三十歲時存到人民幣三十萬元，作為創業基金。

目前他任職於上海一家網路科技公司，月薪是人民幣一萬元，平均薪資漲幅高達一〇％。他工作後基本上實現財務獨立，覺得美好的未來觸手可及，於是開始產生各種娛樂方面的需求，導致出現「月光」的問題。我想大部分的年輕人，在人生的這個階段都有差不多的狀況。

他二十四歲開始談戀愛，為了討女朋友歡心，於是瘋狂刷信用卡、繳循環貸款，導致存款都空了。等到他二十五歲，關係終於穩定下來，女朋友說不如一年去旅行一次，但他在旅行時發生意外，導致之後的六個月都沒有收入。

這時候，丹尼爾只好把自己投資的錢全部取回來，由於還在虧損中，原本投入人民幣五萬元只剩四萬元。當丹尼爾以這四萬元熬過六個月後，變得身無分文。

到了二十七歲，他們已經談了三年戀愛，女朋友說：「我們結婚吧！」因此兩人舉辦溫馨的婚禮，但收到的禮金和花費的錢持平。

結婚後，他們發現身邊的同事買了不錯的車子，自己也覺得有必要買輛好車。他們看上賓士的CLK車款，發現頭期款就要人民幣十幾萬元，還要月付八千多元，仍然咬著牙買下。買車後，他們發現存款剩沒多少。

二十九歲時，他們的孩子出生，每年的支出多出人民幣三萬元。這時，丹尼爾的父母生病，自己的身體也不太好，讓一年的支出多五萬元左右，但他到這個階段還沒有發現事情不對勁。

丹尼爾不知不覺到了三十而立的年紀，拿出自己的存摺，發現銀行帳戶裡只剩下人民幣五萬元。雖然日子還過得去，但曾經立下的宏偉目標和現狀相差極大，雄心壯志的夢想轉眼間竟然無望達成，讓他面對生活時非常無力。

讓你缺錢的真正原因，除了意外和疾病還有……

然而，丹尼爾的例子不是個案，過去幾年內，我們也幫不少讀者整理和規劃財務，發現類似的情況相當常見：

- 生活缺乏規劃，突如其來的意外讓人感到無助。
- 曾認為時間很多、夢想很多，但回頭發現擁有的資金和資源，仍不夠實現自己的夢想和願望。

回到最初的話題，當你想要實現財務自由，或達到富有的狀態時，要先想清楚：是什麼因素阻礙你成功。

第一是意外，丹尼爾出去旅行時發生意外，讓他無法工作、失去收入。醫院就診增加醫療支出，有急需時，卻只能將處於虧損的投資資金提出來。一場意外造成三種損失。

第二是疾病，各位讀者身邊應該有因病致貧的例子，應該不用多加解釋。

第三是無規劃的支出，我認為人生有個萬能的四大法則：不合就分、喜歡就買、多喝點水、重啟試試。這些都是簡單且直接的辦法，談戀愛覺得有問題，不合就分。頭疼、肚子痛就多喝熱水，電子產品當機、故障則重啟試試。

但喜歡就買，其實是無規劃的支出，也是一種任性的生活方式。雖然當下能讓你覺得輕鬆並且獲得快樂，事實上會扼殺許多積累財富的機會。

第四是脆弱的投資系統。建立一套好的投資系統或理財邏輯是相當重要的事，會幫助你在可掌控風險的範圍內投資。風險是相對的，例如：走鋼絲對沒有受過訓練的人來說非常危險，然而對雜技演員來說，基本上仍屬於可掌控的範圍。

當各位知道這四個讓人致貧的因素，便可以從反面思考，如果想變得富有，需要做哪些事。在接下來的章節裡，我會有系統地介紹這四個因素。

其中，面對意外和轉移風險，將在介紹風險和保障的章節中詳細說明，還會在介紹規劃的章節中教大家如何規劃財務。關於投資系統，則會在後文講解，各類產品應如何配置和投資。

在開始介紹具體方法之前，我想先強調一點，並希望各位謹記：努力避免上述四個致貧因素，並且隨時反省自己是否被它們影響。

越積極關注與追求金錢，越容易提高「財富親密度」

參加過同學會的讀者可能會發現：曾經在同個班級學習的同學，畢業後生活越來越不一樣。曾經看起來資質普通的人，可能十年後成為班級裡最富有的人，而當時看起來前途無量的人，現在可能只是個普通的上班族。

財富是許多因素疊加後的結果，有時候也需要一點運氣。什麼樣思考方式可以讓我們離財富更近呢？在介紹富人思維前，我先介紹一個概念，叫作「吸引力法則」。

吸引力法則可以簡單定義為：當你關注什麼，就會吸引什麼到你身邊。也就是說，你關注的事情最容易出現在生活中，因為你的意識和想法會吸引那些關注的事物。相信每個人都有類似的體驗。

你關注和喜歡的事物，會幫助你更容易結交有類似喜好的人。當相關的事物出現在周圍，你會比別人更敏銳地察覺。舉個簡單例子，各位讀者可以仔細想想：你為什麼會拿起這本書閱讀呢？是否是因為你持續關注理財或財富管理的議題呢？

想要變得富有，也是同樣的道理。**當你越積極關注和追求財富，越能讓自己變得富有的機率提高**，我們用財富親密度的概念，衡量自己和財富的接近程度。所謂的富人思維，其實就是能提高財富親密度的思考方式。

錢喜歡什麼樣的人？按照吸引力法則的定義，錢自然會靠近那些關注和喜愛它的人。各位可能覺得不可思議，誰不想變得更有錢呢？但是並非每個人的潛意識都這麼覺得，如同每個人都愛自己的父母，卻容易對他們發脾氣，是同樣的道理。

即使嘴上說喜歡和渴望財富，但當機會來臨時，將財富關在門外的可能正是我們自己。在此舉幾個生活中常見的負面思維範例：

- 我幫朋友做這件事，其實花費很多時間和精力，但是怎麼好意思和他談錢。
- 我是做藝術創作的，賺的錢怎麼可能比金融相關工作的人還多？

- 雖然現在收入很少，但都是靠自己努力工作賺來的。反觀那些有錢人什麼也不做，只需要躺著收錢。
- （當得知一些事情後）就說吧，有錢也不是那麼好的事，看看他們現在的狀況也沒好到哪去。
- 總是有還不清的信用卡帳單，但是沒關係，反正年輕人不用存錢。

這些想法背後，多半是對金錢的偏見或抗拒，或者是漫不經心的態度。當人們抱持這樣的態度，越可能在財富、機會來臨之際，莫名其妙地將它踢開。

擁有富人思維之所以重要，是因為正確的認知，能幫助你提高財富親密度，而不是把財富拒於門外。**本章最後的專欄準備了一些訓練，各位可以用來核對自己目前與財富的親密度高低。**

怎樣才能擁有富人思維？你需要實踐3個步驟

具體地說，應該怎麼做才能擁有富人思維呢？我總結出以下三個要點。

❖第一步：把錢當作手段，而非目的

梭羅說：「一個人的富有程度，跟他能夠忽略的事物數量成正比。」換句話說，當人們缺錢時，容易在意錢本身，而忽略其他東西。例如：為了保住目前的工作，有人可能放棄自己想嘗試的其他職業。面對金錢誘惑，有人可能會放棄自我提升的機會、他人的信任和支持等。

《史記》裡有個故事，春秋末年有個商人名叫范蠡，他的二兒子因為在楚國殺人而被拘捕，眼看就要被砍頭。范蠡本想派小兒子去救人，但大兒子堅持要去，因此只好同意讓大兒子到楚國找一位名叫莊生的人，並送給莊生千兩黃金。

范蠡告訴大兒子莊生會把人救出來，但不可過問其中的原委。大兒子答應照辦，於是莊生便進宮勸說楚王實行大赦。眼看二弟就要獲救，這時大哥卻心理感到不平衡。

他想：原來天下就要大赦，這樣豈不是讓莊生白賺了千兩黃金？於是大兒子去把錢要回來。莊生因此立刻進宮，讓楚王取消大赦，最後大兒子只能帶著弟弟的屍首回家。

范蠡儘管傷心，但早已猜到可能會是這樣的結果。因為大兒子跟著他白手起家，非常愛惜錢財，斤斤計較反而會壞了大事；而小兒子從小生活優渥，並不吝惜錢財，反而可能把事情辦好。

我向很多朋友講過這個故事，大家的反應各不相同。范蠡的小兒子不見得是個厲害的商人，但面對如何營救家人的問題時，他的做法可能更接近富人思維：金錢的價值不是體現於囤積，而是透過金錢獲取的好處來衡量其價值。

各位追求財富時，一定要看到財富背後的東西。金錢只是一種資源，資源的流動和交換為人們帶來的長期價值，才是更重要的，因此要多訓練自己對金錢的看法。

❖第二步：注重長期回報

相較之下，富人在面對不同的選擇時，只要能享受更長期的利益，他們更傾向更艱難的選項，而投資就是最好的證明。越注重長期回報的人，越能獲得更多收益，巴菲特便是典型的代表。

但人們天生不擅長選擇長期回報，因為大腦喜歡欺騙自己。當人們面對眼前的好處，大腦原始的獎勵反饋系統便開始工作，產生相應的激素，讓人對眼前的好處感到渴望。但面對未來可能獲取的好處時，大腦的反應則較為遲鈍，不會讓人感到太興奮。

這也是為什麼，再聰明的人也會做出缺乏理性的事。嚷著要減肥，卻總是選擇再吃一點；明知要運動，卻老是以天氣為藉口在家休息；明知應該長期投資，卻總忍不住高買低賣。

若必須在眼前的好處和未來的收益之間抉擇，需要努力冷靜思考，因此應該刻意訓練自己做出更理性的選擇。在此提供一些訓練的小技巧，供讀者參考運用。面對誘惑，你可以嘗試使用冷卻法或隔離法。

- 冷卻法：做出任何決策或行動前，等待至少十分鐘，在這段時間內，認真思考是否有更好的選擇、更長期的好處、等待是否更值得。
- 隔離法：創造自己與誘惑的實際距離。例如：遠離想吃的甜點、把錢轉至可克制消費的儲蓄帳戶、為了杜絕頻繁交易而鎖定帳戶等。

面對選擇，你可以使用未來法則。首先，利用上述方法避免衝動，然後盡量在腦海中具體化自己未來的收益，或能獲得的獎勵。必要時可以寫下來，以便時刻提醒自己。

❖第三步：先考慮目標，再尋找資源

「我想換掉現在的工作」、「我想去環遊世界」，這應該是很多人都有的願望，但沒錢可能是大多數人無法付諸實踐的首要原因。其實大部分未完成的目標，都是首先被我們自己排除掉的。

有人說：「如果你覺得一件事情不可能完成，大腦會為你想出一千個不去實踐的理由。如果你認為一件事可能發生，大腦也會自動開始思考實現的方法。」

擁有富人思維的人具備扭轉目標的魄力，他們假設自己擁有更多的資源，找出希望實現的目標，然後從最終目標作為出發點，努力聚集所需的資源。如果具備這種思維，注意力便會集中在具體的行動方案上，不會輕易被其他想法阻攔，或是一味抱怨卻不做出任何改變。

富人思維是能提高財富親密度的思考模式，不為自己設限、充分利用所有資源，努力達成目標，而不侷限於現在的處境和條件。我們不一定得是富有的人，才能擁有富人思維，而是可以透過不斷地訓練，去掌握這個思考方式。

事實上，並非所有的有錢人都一定具備富人思維，貧窮的人也未必不具備。相信各位身邊時常可以看到窮人致富、富人窮困潦倒的案例，其實就是富人思維在發生作用。不過，盲目地追求財富很可能會本末倒置。

幸福的根本在於我們是怎樣的人，而投資自己是最好的投資。

專欄 財富親密度訓練

❖訓練一：你的財富親密度高嗎？

家庭對每個人的用錢習慣和意識影響最大，但對於大多數人而言，小時候沒有受過專門的金融、財務訓練。如果從小到大，身邊的人沒有傳遞正確看待和管理金錢的方式，首先則要補足這一課。

自我思考

- 從小到大，你對錢抱持什麼態度？
- 你的用錢方式受誰的影響最大？
- 當你做決策時，如果和金錢相關，尤其是大額開支，會從哪些方面考慮？

自省對錢的態度

□錢是骯髒的。
□錢是邪惡的。
□我很窮，但是很清白。
□我很窮，但是過得很好。
□有錢人是騙子。
□我不想有錢、不想盛氣凌人。
□我永遠不會找到好工作。
□我永遠無法賺錢。
□我花錢比賺錢快。
□我總是欠債。
□窮人永遠不會翻身。
□我的父母很窮，所以我也會很窮。

□藝術家不可以只為錢從事藝術。
□只有騙子才會有錢。
□先賺到錢的總是別人。
□我不該向別人收費過多。
□我不值得賺到錢。
□我不夠好，不配獲得這麼高的報酬。
□不想告訴別人我在銀行有多少錢。
□永遠不要借錢給別人。
□節省一分錢，就是賺回一分錢。
□為「不測風雲」而存錢。
□壓力會在任何時刻產生。
□我憎恨別人有錢。
□只有努力工作，才會有錢。

如果你認同以上大部分觀點，可能要警惕自己是否排斥，或對金錢有偏見。多利用以下的訓練二，強化自己的富人思維吧！

❖訓練二：目標訓練

- 以最終目標為起點，思考你真正的目標是什麼？假如給你一億，什麼是你真正想做的事？
- 為了達成這個目標，實際需要花費的金錢是多少？應該如何聚集需要的資金和其他資源？

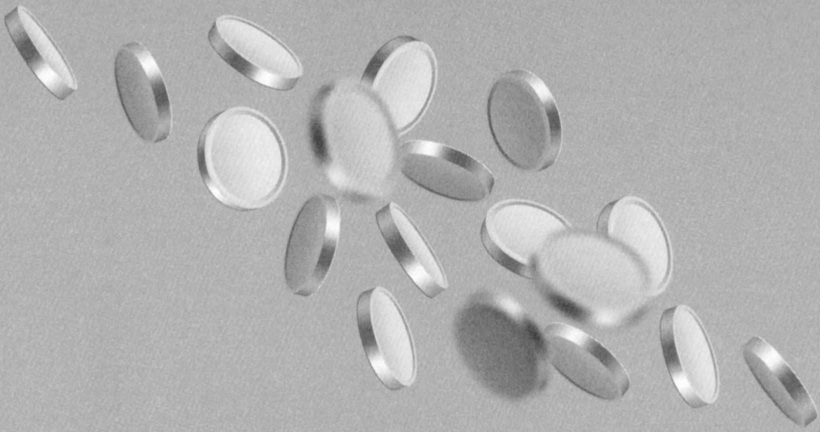

無論飛行員擁有多麼突出的天賦或豐富的經歷，聰明的飛行員永遠不會忘記，在起飛前核對檢查清單。

——查理·蒙格（Charles Munger）

第2章

進場投資基金前，你必須知道5件事

根據風險承受度，考量追求多少收益率

在介紹具體的投資方法前，我想讓你先做個熱身運動，以便掌握投資的基本原理。我開始推廣理財教育後，經常被詢問以下幾個問題：

- 我的月收入△△元（或現在手上有△△元），應該如何理財、買什麼產品？
- 某平台上的A基金安全嗎？可以投資嗎？

每個人的需求都不一樣，但多數人迫切想要立刻投資，同時卻有許多錯誤認知，往往沒有理解各種產品到底把錢交給誰、作為何種目的，就急著投入真金白銀。如果每個人都這樣做，極可能賺不到錢，甚至虧錢。所以，我想從這幾個問題

圖 2-1　投資前的問題

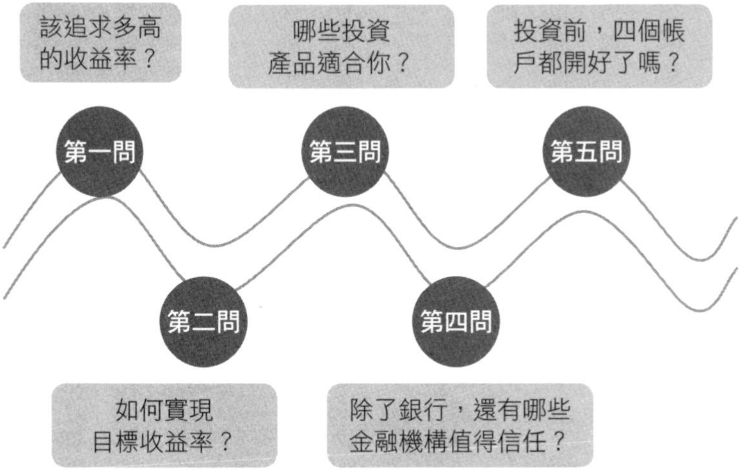

該追求多高的收益率？
哪些投資產品適合你？
投資前，四個帳戶都開好了嗎？
第一問
第三問
第五問
第二問
第四問
如何實現目標收益率？
除了銀行，還有哪些金融機構值得信任？

切入（見圖2-1），為各位整理投資前需要知道的問題。

看到這些問題或許你會覺得奇怪，既然錢越多越好，收益率不是當然越高越好嗎？我想分享在剛開始學習理財的過程中，令我印象極為深刻的公式：

預期收益率＝無風險收益率＋風險溢價

這是非常著名的「資本資產定價模型」（Capital Asset PriCing Model, CAPM），它背後的原理

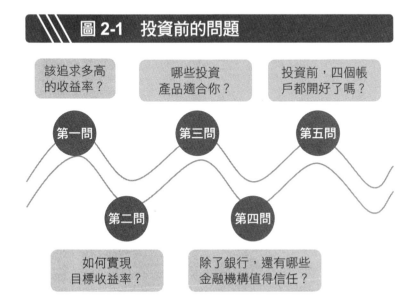

在此先不討論，但是它告訴我們兩個重要的啟示。

第一，無風險利率的高低，會決定你應該追求的最低收益率。無風險利率的數字不是恆定不變的值，通常是觀察短期國債利率。二〇一七年三月十日是中國該年度發行第一批國債的日子，這一批國債可以從銀行臨櫃或網路銀行購買，三年期的利率是三・八％，五年期則是四・一七％。

對於四十歲以上的讀者，我推薦用國債類投資打理退休金，但對於年輕人來說，這類投資的期限往往過長、收益太低。

第二，風險溢價決定你能追求的最高收益率。相信各位一定聽過一句話：「風險和收益成正比」，而這也是投資的真理。為什麼風險溢價會決定收益呢？因為這跟我們能承受的風險有關。

如果你家有老小要照顧，客觀來說，風險承受能力比單身的人更低。假如你是個比較悲觀的人，本金出現虧損就會讓你睡不著覺、無法安心上班，則主觀上的風險承受度較低。

這也是為什麼很多金融機構在銷售理財產品前，需要客戶填寫風險承受度測試表。金融機構需要藉由表格測試出的結果，掌握用戶的風險承受力，也提醒客戶投資有風險，購買需謹慎。介紹完這個公式，便可知道你應該追求多高的收益率。

- 如果你對金錢的態度比較保守，非常害怕虧損，比較適合投資保守和安全的產品，如貨幣基金、銀行理財、保險理財、券商理財，這些投資工具，能幫你獲得五％左右的年收益率。
- 如果你能夠承受中等水準的風險，可以考慮增加投資網路貸款、權益類資產，預期收益水準則有五％至八％。
- 如果你有較高的風險承受能力，可以忍受投資組合可能出現一〇％至二〇％的虧損，則可以將較高比例的資金配置在權益類資產上，如股票或股票型基金。長期來看，可以獲得年均一〇％以上的投資收益，不過這是長期年化收益率平均後的結果，單年份來看有可能面臨虧損（見圖2-2）。

隨著市場上優良投資標的減少，市場越來越成熟，收益水準在未來可能還會降

圖 2-2　風險承受與預期收益

風險承受類型	投資配置	預期收益
保守型	保守、安全的投資產品。如貨幣基金、銀行理財、保險理財、券商理財產品等。	5%
承受中等風險	考慮增加投資網路貸款、權益類資產。	5%～8%
承受高風險	將較高比例的資金配置在權益類資產上，如股票或股票型基金。	10%以上（年均）

低。所以談到收益率或利息，大家應該先有一個概念：目前市場上，八％以上的投資收益率，已經算是比較可觀的水準。

如果一個產品承諾超高回報，但是標榜零風險或低風險，九九％可能是騙局。

只有一％是特殊情況，例如：有些機構為了招攬顧客自己掏錢補貼，或一些像新手專享、活動專享等無法持續或不能複製的特別投資標的。

希望你時刻牢記，要求的回報越高，需要承擔的風險也會越高。

為了實現目標，怎麼挑選投資工具與產品？

我一直很喜歡一句話：「**賺錢是最深刻的修行。**」在投資的過程中，每個人一定會經歷慾望和理性在內心拉扯的過程。

為了早日到達財務自由的境界，慾望會引誘我們走捷徑。高收益看起來能讓你走得更快，但前方也許是萬劫不復的深淵。**在投資的過程中，不是看誰走得快，而是看誰活得久。**

接下來要介紹目前市場上常見的投資工具。在盤點這些工具前，想先問你一個問題：「為什麼我們可以藉由投資獲得回報呢？」

投資之所以能獲得回報，來自於價值的創造。如果你把錢借給一家公司去發展業務，當公司賺錢，就可以獲得回報。如果購買的是一家上市公司的股票，而這家公司未來有很高的盈利，股價上漲的同時，公司向股東發放紅利，則可以透過分紅、或以更高的價格賣出股票來獲利。

但要注意的是，無論是把錢借出去還是買股票，創造回報的背後，需要一定的價值來支撐。如果一家公司向他人借錢，或從股市上融資，但是沒有創造出價值，而是直接把錢花掉，就可能無法償還借款。

公司的價值下跌，也會導致股東手上的股票價格下跌。沒有創造新的價值支持收益來源，如同無源之水。舉例來說，很多互助會承諾你投入一萬元，不需要一個月就能賺回三千元，三〇％的月收益率，等於年化收益率超過三〇〇％。

聽上去很誘人，其實背後有極大的風險，而這些風險可以從簡單的常識判斷來規避。一家普通的企業每年利潤率若能超過一〇％，已經算是不錯的業績表現，能承受超過三〇〇％資金成本的借款人，又會是什麼樣子呢？

這種明顯高於正常水準的投資目標大多是騙局，都是在賭有人會接盤，而誰接下最後一棒，誰就輸得最慘（見圖2-3）。

圖 2-3　如何實現目標收益率

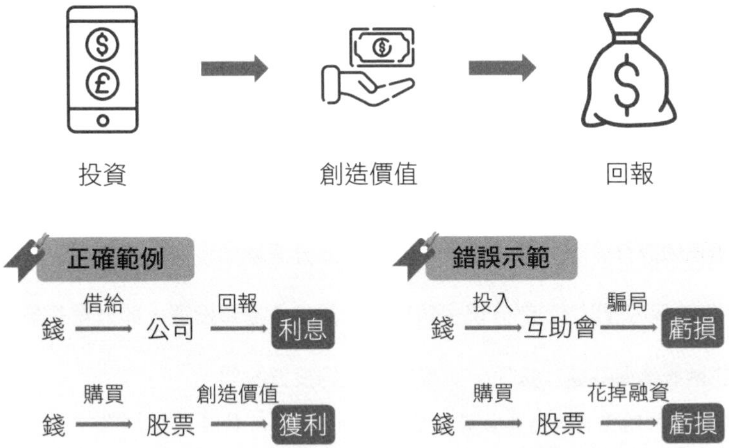

❖投資品分類

色彩學裡有三原色，可以藉由混合不同比例調和出其他顏色。根據賺取收益的方法，也可以把常見的投資品分為四大類（見圖2-4）。

在投資領域中，「現金類投資」、「債權類投資」、「權益類投資」和「商品實物類投資」，則可視為投資的四原色（見圖2-5），其他的各種資產，都是以不同的比例投入這幾個類別中。

隨著金融市場的發展，市場上衍生許多新型產品，讓人難以直

圖 2-4　四大主要投資品類別

現金類投資	債權類投資	權益類投資	商品實物類投資
貨幣基金、銀行的定期存單、國債回購※	P2P、國債、企業債	股權、股票	黃金、石油、大豆

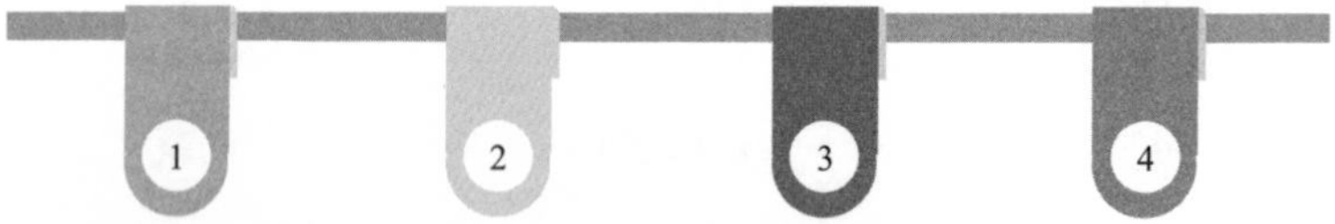

低風險銀行理財	部分現金類投資＋部分債權類投資
某款保險理財	部分現金類投資＋部分債權類投資＋部分權益類投資
指數股票型基金	按照一定標準和比例投資股票

※國債回購交易概念與台灣貨幣市場的「債券附買回交易」（Repurchase）類似

接看清背後的收益邏輯。**如果無法清楚瞭解這些產品的投資概念和內容，建議你不要貿然把錢投入。**

一般來說，這四類投資的風險水準一個比一個更高，權益類投資和商品實物類投資的風險高於債權類投資，債權類投資的風險通常高於現金類投資。當然，這些風險程度並非絕對的，而是要具體分析產品。

債權類投資中的P2P（專指個人對個人的網路借貸），屬於高風險的投資品，因為銀行大多不願意出借款項給這類投資產品。一

圖 2-5　投資四原色

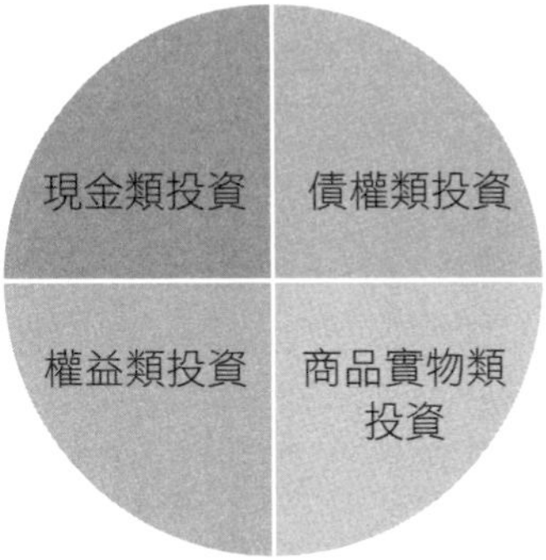

旦出現風險，甚至可能無法收回本金，所以投資時要格外注意平台和投資標的。

透過投資不同的資產獲得利息，或藉由低價買入、高價賣出，獲得期待的收益率。

如何避免投資中的失誤？列出清單做檢查

我們怎麼知道一個投資產品是否適合自己呢？二〇一六年底，我在社群上發起一場討論：「二〇一六年讓你不開心的投資有哪些？」當中最典型的答案是：一買就虧，一賣就漲。

有時候虧損不是最難受的，而是自己明明選定一個好產品卻還是虧損。我的讀者小飛，留言分享他買黃金基金的故事。

二〇一六年的黃金表現非常好，漲幅最高時能達到三〇％，即使沒有在高點拋出，持有一年後漲幅也會超過八％，可是他卻虧損近一〇％，於是我問他背後的原因。二〇一六年四月，他發現黃金漲勢不錯，身邊的朋友都有賺錢，於是直接跟風買了兩萬元的基金。

一開始的漲勢真的不錯，於是又投入一萬元。後來黃金開始出現大波動，讓小飛十分慌張。一方面，他不知如何判斷黃金的走勢；另一方面覺得投入三萬元有點多，開始感到後悔。有意思的是，他之所以脫手這筆投資，除了虧損的原因外，還因為家裡決定裝修，於是在十一月的低點賣出。

在過去十年，中國八〇%以上的基金都有賺錢，但為什麼身邊買基金的朋友卻與他相似，大多都是虧損的呢？

第二位留言的讀者雖然賺了錢卻不開心，因為他精心研究二十個P2P網路借貸產品後，決定購買其中七個，分散至約二十個期限不同的投資標的。儘管最後都有賺錢，但每隔幾天就有投資到期，讓他手忙腳亂，甚至差點忘記其中幾筆。他告訴我：「一年的利息才幾百元，但要是真的忘記一筆本金，才真的是虧大了。」

還有朋友在要用錢時才手忙腳亂地湊錢，或是買完短期投資產品才發現是週五，遇上週末不計息，讓收益大打折扣，其實這些失誤都能在事前避免。

如何避免跌入投資中的坑洞呢？查理·孟格推崇用檢查清單自我審查，他曾說：「**無論飛行員擁有多麼突出的天賦或豐富的經歷，聰明的飛行員永遠不會忘**

圖 2-6 檢查清單

因人而異

1. 投資金額：

投入金額 ______元，佔總資產的 ______%。

2. 投資精力：

我需要付出關注及研究時間 ______。

對我而言耗時多／一般／少。（考慮時間的機會成本）

3. 投資目標：

這筆投資，我是否有明確的用途？

有，______（時間）需要用到 ______ 元。

沒有，則理想狀態下，______（時間）變成 ______ 元

最差情況下，______（時間）變成 ______ 元。

順勢而為

4. 投資環境：

在當前經濟周期下，是好的資產分類嗎？

5. 買點：

現在價格是被高估還是被低估了？

觀察產品

6. 投資方向：

該產品背後的具體投資標的是？比例分別是？

7. 結構設計：

該產品有沒有特殊設計？（如擔保、槓桿、可轉讓）

8. 發行人／交易平台：

該產品的發行人是誰？有哪些參與人？

9. 投資期限：

固定期限投資，投資期限為 ______ 至 ______。

非固定收益類投資，你計劃投資多久？

10. 投資收益：

該筆投資的預期收益率為 ______%

11. 投資風險：

我能承受的最大虧損是 ______%，實際可能發生的最大虧損是 ______%，對我而言是高／中／低風險

12. 投資費用：

我需要付出 ______元交易費用，具體包括 ______

13. 交易限制：

該產品有哪些購買限制、交易限制？______（時間／金額／政策）

14. 綜合上面的分析，得出我的投資行動指南：

A. ______（時間）後賣出

B. 在獲利 ______%後賣出

C. 在虧損 ______%後賣出

D. 在 ______（變化）後賣出

記，在起飛前核對檢查清單。」

我們也針對中國的投資特點，以及三年來蒐集的投資問題，為你準備一張投資前的檢查清單（見圖2-6）。每次投資前像這位投資大師一樣，花五分鐘自我檢查吧。清單上的這些問題不僅能讓你減少虧損，還能讓你賺錢的思維更清晰、用錢更從容。

用2個方法，找出可信賴的金融機構

除了銀行還有哪些值得信賴的金融機構呢？這個問題在讀者提問中也名列前茅。金融業是跟錢打交道，因此入行門檻非常高，不是任何人都能夠從事。如果賣包子的老王要鄰居都把錢給他，約定一年後向鄰居支付利息，嚴格來說這算是非法集資。

如何判斷金融機構是否合法販售金融產品？有兩個方法。

第一是看牌照，中國目前需要審核的金融牌照主要有十二種，其中經常接觸的包含銀行、保險、券商、基金等。

如果你買的產品跟以上任何一種有關，填寫檢查清單時，應該回答產品的發行方是誰，並且至中國證券監督管理委員會、中國銀行業監督管理委員會（註：以上兩個機構，相當於台灣的金融監督管理委員會）的官方網站，查詢這個機構是不是有登記。千萬不要碰沒有牌照的金融商品。

第二則是看資金，主要針對P2P網路借貸。由於此類型的產品近五、六年才興起，所以暫時沒有金融牌照可以查詢，但是可以看它是否完成資金銀行託管，可以在官網上查到相關資訊，或直接打電話詢問客服。這兩個簡單的辦法，可以讓我們遠離不合格、甚至設下騙局的「理財公司」。

為了操作更順暢，應該開設哪4種帳戶？

接著介紹在投資前，你應該在帳戶上做的準備。只要擁有這幾個帳戶（見圖2-7），未來都能順利買到大部分投資產品。

第一個是銀行帳戶。建議你至少辦兩張以上的金融卡，明確區分日常消費和投資。可以把薪資帳戶當作日常消費帳戶，另一個專門的帳戶用作投資，用來綁定各類投資帳戶、購買銀行理財產品等。

當然，如果你的投資目標比較分散，希望再區分成投資P2P網路借貸、投資基金用的帳戶也是可以。

第二類是貨幣基金帳戶。貨幣基金既方便提取，又可以獲得一定的收益，等於升級版的零錢包，如餘額寶其實就是一支貨幣基金。

圖 2-7 投資前的四個帳戶

投資四大帳戶

帳戶類別	帳戶分類
銀行帳戶	日常消費
	投資用途
	依需要拆分
貨幣基金帳戶	
互聯網基金帳戶	
股票帳戶	

2016年證券、股票類
手機APP前十名

排名	名稱
1	同花順
2	東方財富網
3	大智慧
4	漲樂財富通
5	國泰君安君弘
6	海通e海通財
7	招商智遠一戶通
8	金太陽
9	平安證券
10	自選股

第三類是網路基金帳戶。基金是最適合普通人的投資方式，所以建議你在投資前先準備這類帳戶。購買基金的管道很多，在銀行買的費率高、較不划算，也可在基金公司買，但是每家基金公司只能買自家的產品，不夠全面。現在中國有三、四千支基金，你選的基金很可能是由不同的公司所發行。

除了部份基金必須透過股票帳戶購買外，第三方基金代銷平台也是很好的選擇，不僅手續費更低，品項也更齊全，螞蟻聚寶、好買基金、天天基金都算大眾的選擇。

在第三方基金平台開立基金帳戶非常簡單，你只需要準備能上網的手機、身份證、金融卡，按照流程開戶，隨時隨地都可完成。

有些讀者可能會擔心第三方基金銷售平台是否安全，會不會捲款潛逃？銷售基金需要牌照，因此所有正規的第三方基金銷售平台，無法任意挪用我們投入的錢，也有嚴格的支付、結算流程，和專門支付、結算的機構管控買賣基金的現金。另外，購買基金的錢也是由專門的銀行、專門的帳戶託管。

第四類是股票帳戶。可能很多讀者都沒想過要開這類帳戶。你可能會問，股票的風險不是很高嗎？我不適合炒股，為什麼要開股票帳戶呢？其實，有不少低風險、高收益的投資方式，都需要使用股票帳戶。

開一個股票帳戶非常簡單，所以建議大家在開始投資前準備股票帳戶。選擇券商時，主要看交易費用、辦理業務的便利程度。一般來說，券商的交易手續費不超過萬分之三，很多券商也推出萬分之一・五的優惠活動。

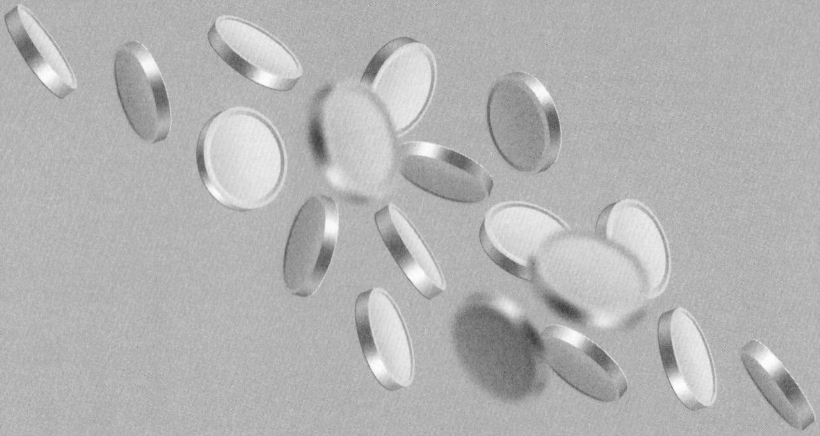

投資人的心境必須和烏龜一樣，慢慢觀察，謹慎買賣。

——是川銀藏

第3章

貨幣基金、債券基金……誰能抗通膨？

貨幣基金可調配消費和儲蓄，但要考量便利性

很多人認為自己離投資很遙遠。好友K最近向我抱怨：「我也想理財，可是手頭上就那麼一點錢，每次繳完房租就全沒了，還能存進餘額寶已經自不錯。」他身處「魔都」上海，在一家網路公司擔任企劃人員。這兩年，他向我諮詢投資產品超過五次以上，但不論買什麼，最終的投資結果都是夭折。

K的情況真的十分普遍，剛畢業的我也曾興沖沖地投資過幾次。其中印象最深的，是花了人民幣三千多元買了一支股票，幻想著年底能賺到一個名牌包。結果四個月後，因為急著還信用卡費，於是忍痛賣出，虧損兩百多元。

用一句話形容九〇%的人的生活狀態：一段時間勇猛精進，隔一段時間就混吃等死，投資何嘗不是如此。到底如何讓投資進入良性循環？我想先介紹一類投資

工具：活期投資類產品。我幫K用活期理財，開始管理資金和投資後，產生以下變化：

- 收支變得井井有條。
- 開始嘗試收益更高的網路活期理財產品。

從這節開始，讓我介紹三個錦囊和三類投資工具，你也可以輕鬆簡單地開始，並持續有效的活期投資。

所有的財富循環，都可以用財富水池模型解釋。你的投資計劃會半途而廢，也和這個池中的水流有關。**我們的收入都會先流入日常現金池，如果不在這個階段先整理好，與投資相關的中短期目標池、長期金鵝池就會失去水源**（見圖3-1）。

日常現金池最重要的任務是支持你的日常消費，其次才是投資生息，因此可以選擇最靈活的貨幣基金。貨幣基金有什麼好處呢？

圖 3-1　錦囊一

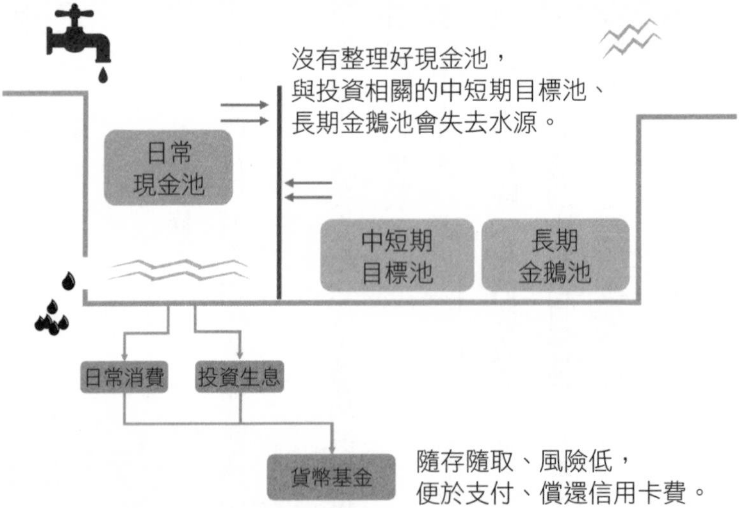
沒有整理好現金池，
與投資相關的中短期目標池、
長期金鵝池會失去水源。
日常
現金池
中短期
目標池
長期
金鵝池
日常消費
投資生息
貨幣基金
隨存隨取、風險低，
便於支付、償還信用卡費。

- 風險極低，主要投向國債、銀行定期存單、政府短期債券等較安全的標的。
- 特定的貨幣基金是消費的好幫手，既能支付，又能償還信用卡費用。

第一步：確定每月日常消費金額。在幫K分析時，我先讓他設定一個不會太寬裕、也不會讓自己過得辛苦的合理消費金額，拿到薪資後只留下這些錢，其他則用來做更長期的投資。

也就是說，在現金池中留下足

夠的水，留下的金額就是K這個月的生活費，多餘的水則流入中短期目標池和長期金鵝池。

第二步：確定方便消費的貨幣基金。我和K聊到他的日常消費，發現他有時用電子支付，有時刷信用卡，有時用各種金融卡，有時用現金。如此一來一往，完全不知道自己到底花了多少錢。我建議他：盡可能把日常消費的錢，全部轉入一個方便消費的貨幣基金，然後統一用它支付。

你可以選擇餘額寶，也可以選擇一些銀行帳戶原本就有、可用於消費的貨幣基金，例如：中國中信銀行的薪金煲功能、招商銀行的朝朝盈功能。這樣不僅更容易統計消費金額，而且小額的資金也能生息。

第三步：確定方便繳信用卡費用的貨幣基金。K身為企劃人員，需要經常出差或是先幫公司墊付活動的費用，繳信用卡費用時往往手忙腳亂。

我建議他每次信用卡出現大額消費時，將一筆等額的錢存入另一個獨立的貨幣基金，可用來直接繳信用卡費。不僅避免繳卡費時餘額不足的尷尬，而且能產生一筆利息。如果你有任何大額刷卡消費，不妨嘗試。

把一部分資金轉入另一個常用的貨幣基金，作為繳費預備，如此一來，每到繳費日，負責繳款的貨幣基金帳戶裡，就會有接近刷卡額的金額。同時，單獨存放的錢，也沒有浪費收益。

你可以選取一支網路平台發行的貨幣基金，查看它能繳交哪家銀行的信用卡費用。可能有人會問：這兩個帳戶應該選哪支貨幣基金才好？其實，貨幣基金的收益都差不多，選擇時還是要優先考慮使用的便利程度。

買4類網路活期產品，存到半年後的旅行基金

生活中很常出現幾個月後才要用到的錢，如需要每個月付一次的房租、平時存下來的應急準備金，甚至包括籌劃下半年要去旅行的預算。

這些錢只要到某個時間點再取出來即可，不像每天都要吃飯、搭車，需要即時且頻繁地使用，因此相較於日常資金的取付，對投資管道的便利程度要求沒有那麼高。我們也可以選擇靈活性稍差，但是收益更高的產品（見圖3-2）。

其中一個比較合適的選擇，是各類網路理財平台發售的活期理財產品。這些產品通常難以像貨幣基金隨存隨取，但是可以在買入第二天開始計算收益，在賣出隔天可以贖回到帳，總體來說還是不錯的選擇。

這類產品還有一個好處，一般起投金額都不高，比較常見的起投範圍，是從人

圖 3-2　錦囊二

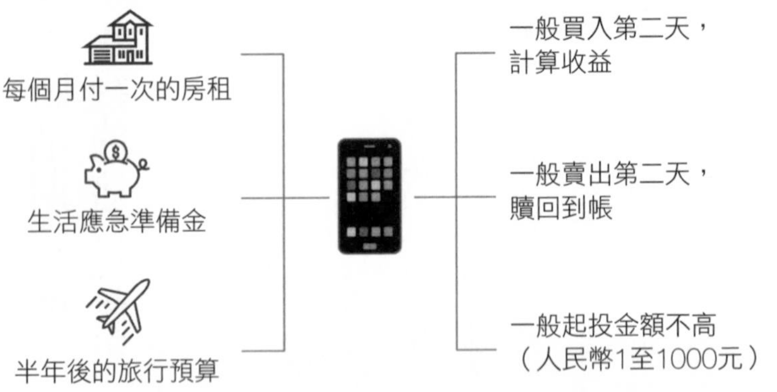

民幣一元到一千元，不像銀行或券商的理財產品，至少都要人民幣五萬元起跳。那麼，哪裡可以找到這類產品呢？

既然是網路活期理財，其實可以到各大網路理財平台，或手機APP中尋找。

在這些理財平台上找到「活期產品」，或「靈活贖回」、「隨存隨取」等字樣，便能知道它們屬於活期投資工具。

你可以從常見的理財平台，分別挑選一款活期理財產品，比較看看，它們的收益是否高於一般貨幣

圖 3-3 四種活期理財產品

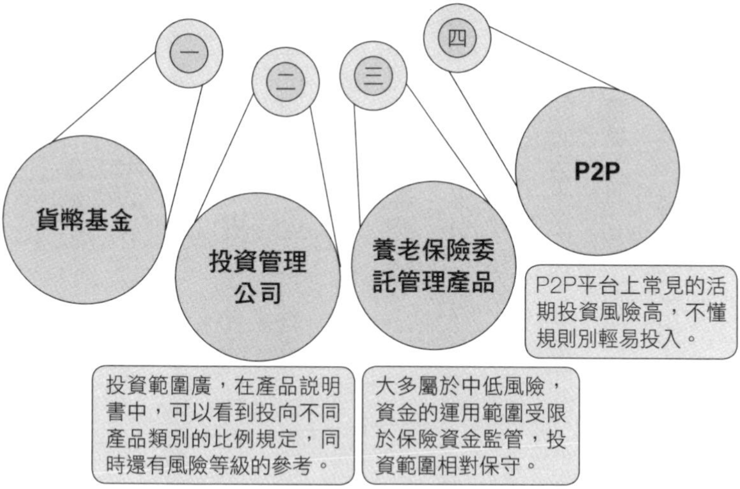
一
二
三
四
貨幣基金
投資管理公司
養老保險委託管理產品
P2P
投資範圍廣，在產品說明書中，可以看到投向不同產品類別的比例規定，同時還有風險等級的參考。
大多屬於中低風險，資金的運用範圍受限於保險資金監管，投資範圍相對保守。
P2P平台上常見的活期投資風險高，不懂規則別輕易投入。

基金的平均收益？

你可能會想：一般來說，收益和風險成正比，收益越高是否也意味著風險更高？

的確，這一類產品的風險通常高於貨幣基金，所以在投資前一定要調查清楚，自己的錢透過產品投向哪裡。這一類活期產品，最常見的投向有四種（見圖3-3）。

第一類貨幣基金是換了個「面具」的活期產品，第二類是平台把投資人的錢委託給別的投資管理公司去操作。投資範圍廣泛，從銀行票據、債券、基金，到證券公司發行的理財產品都有可能。

一般在詳細的產品說明書中，可以看到產品投向，有不同產品類別的比例規定，同時會給予風險等級的參考水平。

第三類是背後投向的養老保障委託管理產品。市面上有不少大型養老公司，是由保險巨頭發起成立，專門負責發行與養老相關的理財投資產品。

這類產品可簡單理解為由養老公司發行的理財產品，例如：金色人生、富盈五號的背後都是養老保障委託管理產品。這些產品的名字很像經常見到的保險產品名稱，如福壽連年、金壽安康等。

這類產品雖然不保本，但大多屬於中低風險產品，因為資金運用範圍，受限於保險資金監管，投資範圍相較前面提到的第二類投資計劃，有更多的限制，也會相對保守，目前的收益水平在三％至四％。

第四類其實是在P2P網路借貸平台上常見的活期投資，這一類產品通常風險較高，如果平台操作沒有明確規範，很容易出問題，所以千萬要看清楚背後的投資資產，判斷風險後謹慎投資。

其實，除了活期類投資產品，我們還可以根據資金的期限和流動性，選擇投向定期理財產品，如定期銀行理財、定期網路理財或債券型基金等，收益變化較平穩的產品。

別放過投資空檔，用銀行活期產品滾錢不停歇

假如你購買一款三個月的銀行理財產品，在此產品到期後，忽然發現另一個想投資的產品已經過了購買時間，至少還要等半個月才能再購買，這段時間手上的這筆資金該怎麼運用呢？這種情形其實有個生動的名字，叫作「資金站崗」（見圖3-4），有點像工作轉換期時的短暫空閒。

一旦遇到這種情況，有個方法非常簡單，幾乎各類主流投資產品，都有對應的活期產品，可以暫時收留這筆資金。

舉例來說，如果購買銀行理財產品時剛好有空檔，可以考慮銀行的活期產品，這一類被稱作「銀行T＋0理財」，所謂T是指交易日當天，T＋0便是表示交易日當天可以領取。

圖 3-4　錦囊三

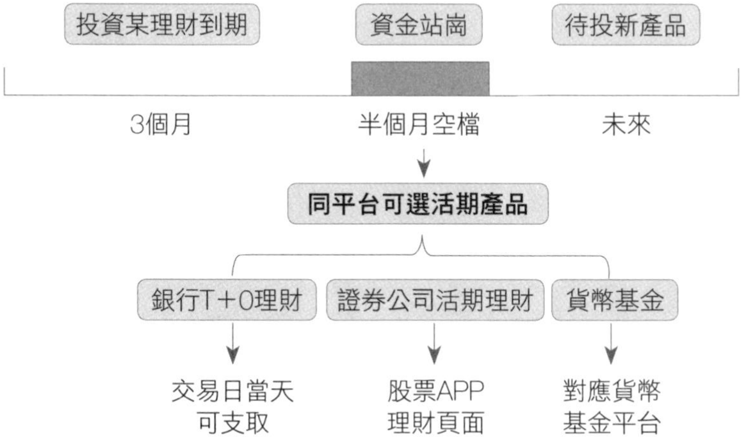

如果你是投資股票者，股票APP裡也有「證券公司的活期理財產品」可供選擇，一般可以在理財頁面中找到。

銀行T＋0理財和證券公司活期理財，這兩類活期產品的風險和收益屬於中低水平，面對以上所述的情況，我的原則是：為了方便繼續投資，盡量讓錢在同一個平台體系內循環。

不怕銀行利率低，把握4種存款投資法增財

提到銀行存款和國債，大部分人的印象往往認為它們已經過時，只有老年人才會購買。但有些情況下，我們還真脫離不開它們，甚至能帶來其他妙用，因此不妨瞭解一下這些低風險的投資。

舉例來說，下面關於銀行存款的三種情況，你會怎麼做？

- 家中長輩認為把錢存進銀行才安心，但如何才能擁有更高的收益？
- 你想去留學或旅行，必須提供銀行存款證明，怎麼處理更划算？
- 到了年節假日，多數理財產品不是買不到，就是不算收益，有什麼好辦法？

❖問題一：如何讓存款收益更高

首先介紹兩個實用的技巧，可以快速提高你的存款收益。**技巧一是比較不同銀行的存款浮動利率，並選擇上浮水平較高的銀行。**目前，中國將利率市場化的水平進一步提高，讓各家商業銀行可以自行設置存款利率。

中國人民銀行僅對活期存款，和一年以內（含一年）的定期存款利率，保留基準利率一・五倍的管理上限。所以，把錢存銀行同樣可以貨比三家，選擇儲蓄利率更高的銀行。各位可以查詢各家銀行的官網，方便比較利率。

另外，若你擁有人民幣二十萬元以上的資金，則可以考慮購買大額存單，這是第二個技巧。大額存單是指由銀行業存款類的金融機構，向個人、非金融企業、機關團體等發行的一種大額存款憑證（註：台灣稱為可轉讓定期存單）。

與一般存單不同的是，大額存單可以在到期前轉讓，期限不低於七天，投資門檻高，且金額必須為整數。大額存單的發行利率，不受存款利率浮動上限的限制，在同樣期限的情況下，利率還高於定期存款。

目前銀行發行的大額存單利率，大多比基準利率高出四〇％，少部分銀行高出四五％，而定期存款最高上浮水平則是三〇％。部分期限較長的大額存單，收益可以超過銀行保本類的理財產品，相比之下，有一定的吸引力。

大額存單的高收益，是給大客戶的優惠利率。目前市場整體收益率不斷下降，大額存單在低風險投資中的優勢越來越明顯，但起購門檻限制是人民幣二十萬元。（註：關於台灣可轉讓定期存單的介紹，請參考本節後專欄）

大額存單的期限，包括一個月、三個月、六個月、九個月、一年、十八個月、兩年、三年和五年，期限的選擇比普通存款更靈活，流動性也更好。如果需要使用沒到期的大額存單，有兩種辦法：

- **提前領取**。大部分大額存單可以提前領取，但相當於普通定期存款提前領取，是按活期存款計算收益，大額存單提前領取的收益，各家銀行也有不同規定。一般來說，提前領取不太划算，可以考慮第二種方式。
- **直接轉讓**。由於大額存單是標準化的存單，可以像股票一樣，在指定的二級

圖 3-5 某銀行2017年第三期個人大額存單

期限	年利率（%）	發行規模（億元人民幣）
1 個月	1.540	2
3 個月	1.562	2
6 個月	1.846	2
一年	2.130	2
18個月	2.940	0.5
兩年	2.982	1
三年	3.905	15

市場轉讓。現在不少銀行推出的大額存單，都含有可轉讓功能（見圖3-5），銀行還會協助用戶完成大額存單轉讓。你可以與受讓方協商轉讓的收益，降低損失。

目前有些銀行推出多種付息方式的大額存單，更加靈活。圖3-6中某銀行的這款大額存單，有按月付息的產品。

這個設計適合退休的銀髮族，把積蓄存起來，本金不會減少，還可以用每個月的利息，改善退休後

圖 3-6 某銀行的大額存單

期限	3年
年利率	3.7%
發行規模	人民幣5億元
發行時間	2017年1月17日至2017年2月10日 （認購期內如遇央行存款利率調整，則提前終止發行）

的生活，是一種不錯的選擇。

大額存單並不侷限於臨櫃購買，不少銀行都開通網路銀行、手機行動銀行購買管道，非常方便。如果家中長輩有需要，也可以協助他們購買。

❖問題二：買不到想買的理財產品，怎麼辦？

你是否也遇過以下情況？

- 週四下午三點後購買各類場外基金或貨幣基金，只能視作下週購入。

- 週五下午三點後，無法購買證券帳戶裡的場內貨幣基金、國債逆回購。
- 春節等大型假期，甚至無法買到網路理財平台的產品。

此時，你需要一個萬能備胎，叫做「通知存款」。通知存款是一種不約定存款期、一次性存入、可多次領取的理財管道領取時，需提前通知銀行約定領取日期和金額，才能領取的存款。

目前通知存款有兩種，一天通知存款和七天通知存款，起存金額為人民幣五萬元。**只要記住兩個前提和一個通知**。兩個前提是：

- 準備存入的錢至少要有人民幣五萬元。
- 確定未來這筆錢，至少一天（或七天）都用不上。

一個通知是指，當你準備領取通知存款時，分別需要提前一天（或七天）告知銀行，才不會產生損失。

我有個朋友，公司在除夕夜發放人民幣六萬多元的年終獎金。她在除夕夜用手機網路銀行，把這筆錢存入七天通知存款，同時告知七天後辦理贖回的手續。七天到期後，她便按照通知存款的利率結息，收益比起活期存款高出四倍以上。

具體通知功能的操作，會依不同銀行的網銀或手機行動銀行有所區別，如中國工商銀行的網銀，可以提前設定取款日期。我使用過一些銀行的通知存款更方便，甚至不需要提前通知，結息時會自動幫你計算。如果不瞭解具體領取的操作方法，可以諮詢相應銀行的客服。通知存款有兩個注意事項：

- **收益計算**。計算方式和一般活期存款不同，必須滿足對應期限，或對應期限整數倍的日子，才會按照指定的利息計算，其餘時間則按照活期利息計算。
- **可提取部分**。通知存款可以使用部分提取的功能，但前提是該筆通知存款的餘額必須高於人民幣五萬元。

雖然通知存款有一些門檻，收益也不算高，但在以下適合的情況下，可以成為大額資金投資的好選擇：

- 遇上週末或假日，沒有其他理財產品可以購買。
- 需要辦理三個月以下的大額存款證明（人民幣二十萬元以上則可以考慮大額存單）。
- 有一大筆資金要在某個帳戶裡躺幾天。可能是一筆銀行理財產品到期後，你計劃繼續購買，但中間有幾天間隔（如果該銀行帳戶本身就有隨存隨取的貨幣基金，也是好選擇）。

❖問題三：需要提供存款證明時，怎麼辦理？

很多人在假期選擇出國旅行，不但能放鬆，還能開闊眼界。不過辦理有些國家的簽證時，需要提供存款證明，一時必須在帳戶存上人民幣十萬元，而且往往要將

圖 3-7　如何獲取高收益

<table>
<tr><th>金額</th><th>七天以下</th><th>七天至一個月</th><th>一個月至三個月</th><th>三個月以上</th></tr>
<tr><td>5萬元以下</td><td colspan="3">活期存款</td><td rowspan="2">對應期限的定期存款</td></tr>
<tr><td>5萬至20萬元</td><td rowspan="2">一天通知存款</td><td rowspan="2">七天通知存款</td><td>七天通知存款</td></tr>
<tr><td>20萬元以上</td><td>對應期限的大額存單</td><td>對應期限的大額存單</td></tr>
</table>

存款凍結一個月以上。除此以外，出國留學也需要提供存款證明。

除了前面提到的存款類型，目前大額存單也可以開具存款證明。一大筆錢凍結在銀行，如何獲得高收益呢？我們可以根據凍結金額和時間做不同的選擇（見圖3-7）。

❖問題四：如何存錢更靈活

看完以上三個問題可以發現，如果追求銀行存款的收益率，往往不夠靈活。其實不僅是銀行存款，各類固定收益類的產品，都是投資期限越長，收益越高。但期限太長，需要繼續用錢的時候也比較麻煩。

我曾遇到一位長輩，為了讓收益更高，拿出人民幣三十萬元，存入五年期定期，結果一年後要用七萬元，只好提前領取。於是這七萬元只在銀行存了一年多，只能根據活期利率計息。學會搭配不同期限的定期存款，可以避免這種情況。

舉例來說，這位長輩可以把三十萬元拆分成三份，分別存一年期、三年期和五年期，每筆到期後自動轉存。如此一來，不僅能保證每年都有一筆存款到期，也可以享受更高的存款利率。

十二單法也是一種期限搭配的方法：每月將一筆錢以一年定期的方式存入銀行，堅持十二個月。從第二年的第一個月開始，每個月都會獲得一筆定期收入。這時，你可以選擇加入新的投資本金，繼續以同樣的方法投資。利用這個方法，既可以享受一年期定期存款的收益，還可以享受每月存款到期的高流動性。

當然，有人認為存款的收益本來就低，沒必要這麼折騰。但期限搭配的方法，可以應用在所有固定收益類產品上。學會這種方法，很多地方都派得上用場。

專欄

關於「可轉讓定期存單」與「通知存款」

前文提到的大額存單，台灣稱為「可轉讓定期存單」（Negotiable time deposit，NCD），是一種貨幣工具，由銀行承諾於指定到期日，按票面記載利率條款，付予定期存款戶本息，並得自由轉讓之存款憑證，個人及公司、行號、團體均可申購或承購。

發行的面額最低為新台幣十萬元，最高為新台幣一億元，面額依照各家銀行的規定有所不同，多為十萬元、五十萬元、一百萬元、五百萬元、一千萬元、五千萬元、一億元。

可轉讓定期存單的期限最短為一個月，最長為一年，適合短期資金投資，計息方式多為固定利率，到期時一次領取。其特點是可以採記名或無記名方式，到期前雖不得中途解約，但可以中途轉讓，可作為銀行資產負債管理之工具，以籌措短期資金。

「通知存款」（Call Deposit）是指客戶必須按規定提前通知銀行，才能取款的一種存款，介於定期存款與活期存款之間的非交易帳戶存款。不過，目前台灣的銀行並無提供通知存款的服務。

※參考資料：板信銀行、台新銀行、臺灣企銀官方網站

編輯部根據台灣情況整理

國債是避險最佳工具，怎麼買更能創造價值？

❖國債有什麼價值

介紹完銀行存款後，我們再來看看國債。提到國債，你可能它覺得離自己很遙遠、只有老人才會買國債。其實從二〇一六年五月以後發行的國債，都是銀行一開售就被瘋搶一空，而且有大批年輕人加入搶購隊伍。這是為什麼呢？

國債本質上是國家向人民借錢，有國家信用作為後盾，可謂安全性極高的投資產品。用債券的標準形式包裝後，國債變得更有價值。為了瞭解國債，可以從以下四個方面出發。

第一是投資價值。把錢借給國家，並賺取穩定的收益，應該非常容易理解。一般來說，國債的收益率高於同樣期限的銀行定期存款，也是一些保守的投資人非常喜歡國債的原因。

即使你不買國債，也可能會買貨幣基金、銀行理財、債券基金等常見的固定收益類產品，它們基本上都會配置一部分國債。除此之外，有些國債還可以像股票一樣，直接用證券帳戶買賣，所以可能從中賺取買賣差價。

第二是瞭解市場的無風險利率。總體經濟和我們的生活息息相關。如果細心觀察生活中的指標，就能掌握總體經濟的變化趨勢。國債的利率也是一種很好的觀察指標，把錢借給國家，有國家信用做保證，是非常安全的投資產品，所以我們往往會把短期國債的利率，視為市場的無風險利率。

瞭解無風險利率有什麼價值？以二〇一六年五月瘋搶國債的事件為例。當時的新聞標題是：「三年期國債首次『破四』仍售罄，市民提前一天排隊」。國債收益率不斷下降，大家還是爭先購買，表示每個人都希望輕鬆、不冒風險，就能獲得收益。再進一步說，想在市場上賺取同樣的收益，比以前更難，所以無風險利率，是非常值得用來衡量市場整體收益水平的參考。

前幾年，國債收益率不斷下降，這也是近年很多專業人士開始認為，大家應該把投資收益率目標放低的原因，新聞報導感嘆低收益時代離我們越來越近，也是同樣道理。以國債利率判斷無風險收益水準，也可以沿用在其他國家，例如：美國一般也用短期國庫券利率衡量無風險利率。

第三是瞭解國家財政政策的風格。除了觀察市場無風險利率走勢，還可以觀察國債的發行情況，分析財政政策的風格。

首先，發行國債是國家執行財政政策的一種具體措施。國家發行國債讓人民購買，政府可支配的錢就會變多。講更白話一些，代表政府有更多的錢「集中力量辦大事」。

所以，一般國債發行量較大的年份，往往表示政府在實行積極的財政政策。舉例來說，二〇〇七年，中國的國債發行量明顯增加，財政政策更積極。圖3-8為二〇〇五至二〇一五年國債的發行量明細。你可以發現，國債發行量非常靈敏地反映國家財政政策的風向。

圖 3-8　2005～2015年國債發行量

年份	發行量
2005	7042
2006	8883.3
2007	23483.3
2008	8615
2009	16229.2
2010	7881.9
2011	15397.9
2012	14362.3
2013	16944
2014	20230
2015	21000

※資料來源：中華人民共和國財政部。
（單位：億元人民幣）

❖什麼時候適合買國債

雖然國債非常安全，但是收益率整體較低。如果僅持有國債，長期來說仍難以跑贏通貨膨脹。其實一般情況下，瘋搶國債的情況並不常見。如果某些時刻大家都來買國債，很可能表示市場混亂，因此大家將安全性排在第一位。

當越多人都這麼想，國債會被格外追捧，因此**國債的熱門程度，可以用來判斷市場上投資人的避險情緒**。

既然已經瞭解國債的價值，到底要不要用真金白銀購買國債呢？其實，作為超低風險的資產配置選擇，我認為可以買一些。另外，如果你覺得未來可能會瀰漫避險情緒，也可以提前購買。投資國債的具體方式有哪些？我將以下四種國債作比較（見圖3-9）。

透過瞭解國債和銀行存款，你會發現，有時認為已經落伍的產品，其實依然對你有所幫助，或者能為家人創造價值。每個人的投資目的和方法都不一樣，要依照自己的需求做決定。

圖 3-9　四種國債的對比

種類	主要購買管道	優點	缺點	獲利方式
電子儲蓄式國債	各大銀行儲蓄機構	購買簡單、面值固定。	需要搶購，持有半年以上才可提前領取。提前領取需支付手續費。	通常每年付息，到期還本。
憑證式國債	各大銀行	購買簡單、面值固定。	需要搶購、流動性差，提前領取需支付手續費。	到期一次性還本付息。
記帳式國債（無紙化國債）	開通相應業務的銀行。	可在場內交易買賣。	需開通證券帳戶 價格會波動，有可能虧本、利息較低。	利息及買賣價差。
國債ETF	證券帳戶	無須搶購、流動性強。	需開通證券帳戶。 價格會波動，有可能虧本。	分紅及買賣價差。

專欄

認識台灣公債

中央政府建設公債（簡稱公債），是政府為解決財務收支問題，或為募集資金，發行的一年期以上可轉讓的債務憑證。根據台灣財政部頒布的《中央政府建設公債發行條例》，規定公債分為甲、乙兩類：

- 甲類是指支應非自償比例部分之建設資金，其還本付息財源由財政部編列預算償付。
- 乙類是指支應自償比例部分之建設資金，其還本付息財源，由各建設主管機關成立之附屬單位預算特種基金編列償付。

目前中央政府發行的公債，大多為無實體債券。財政部自民國八十六年九月二十三日起，發行登記型式公債，由中央銀行及其委託的銀行，以電腦登記相關權利資料，並發給債券存摺，取代交付實體債票。

本金及利息在每期公債付息日及到期日，由清算銀行主動撥入投資人銀行存款帳戶。臺灣公債發行年期，多為兩年、五年、十年、二十年及三十年。

❖如何投資公債？

一、在公債發行前購買：

- 小額投資人：購買公債金額在新台幣一百萬元以下者，可至中華郵政公司指定的各地經辦郵局，或臺灣證券交易所指定的證券經紀商，辦理預約申購登記。以十萬元為購買單位，價格按每期公債標售之競標，最高得標利率換算的價格為準。

● 大額投資人：購買公債金額超過新台幣一百萬元者，可委託交易商以交易商名義參加投標。

二、公債發行後購買：民眾欲購買次級市場流通之公債，可向銀行、證券公司及票券金融公司公債交易部門購買。

※ 參考資料：台灣證券交易所網站

編輯部根據台灣情況整理

NOTE / / /

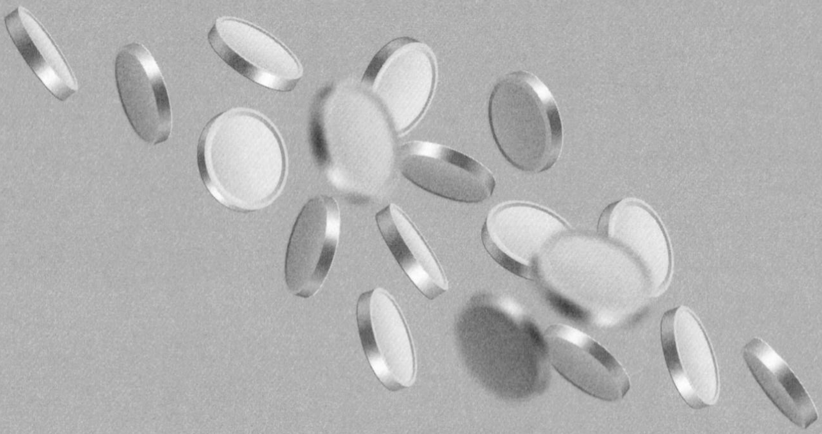

風險可以通過多元化投資得到化解，這樣，我們面臨的就只有市場本身的風險了。

——彼得・林區（Peter Lynch）

第4章

ETF產品這麼多，該如何挑選與組合？

瞭解「投資四原色」，才能合理規劃資產配置

談到理財，很多人會馬上聯想到銀行理財產品。你可能聽過這樣的新聞：有老人家在銀行購買一份理財產品，一段時間後才發現竟然是保險產品，和自己想的不一樣。

事實上，隨著中國的金融業不斷發展，以銀行、證券公司、保險公司為代表的金融機構，都開始發行各式各樣的金融理財產品，甚至有不少機構互相合作。舉例來說，前面提到銀行開始代銷保險，有些銀行理財產品，也會投資證券公司發行的資產管理計劃。

經常有朋友問我：「銀行理財是否安全？」其實，這個問題顯示出我們首先要避免的投資誤解。上面提到的產品分類，只代表發行或發售機構，並不能直接判斷

圖 4-1 投資風險

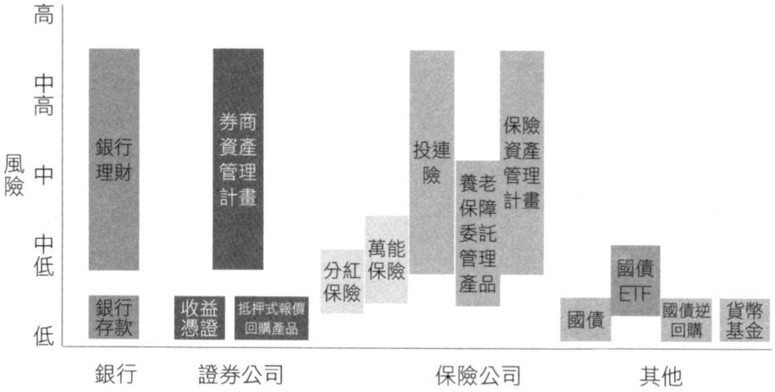

它們的投資風險。

不少人因為不瞭解券商，或是不信任保險公司，認為銀行出品的理財產品才是最優秀、最安全的。其實並不是這樣，**發行機構和背後的資產並沒有直接關聯**。

不同金融機構，都會利用「投資四原色」中的不同基礎投資，搭配出一系列理財產品。這就好比每一家飯店，都可以選擇某些原材料做出特定的料理。

理解上述原理，讓我們來看圖4-1。這是我簡單整理銀行、券商、保險產品的投資風險，並加入之前介紹的存款、國債和活期類產品。

你會發現：銀行理財、券商資產管理計劃、投資連結保險（註：具保險與投資功能的險種）、保險資產管理計劃等產品，風險跨越低、中、高，因為這些產品可以投資的範圍非常廣，因此一定要具體分析。

面對越來越多的新產品比較好的方法，應該是先根據自己的需求，從風險的角度挑出相似的產品，再比較其他細節。我在圖4-2整理出不同產品的投資門檻，你可以根據自己的資金量找出合理的組合。

從風險和門檻的角度來說，銀行理財產品並不比券商、保險理財的風險低或更親民，尤其從風險角度來說，這三類產品都需要分析具體背後的投資標的。**我們可以從中挖掘低風險的現金類、固定收益類理財產品，也可以篩選適合的權益類投資產品，賺取高收益，作為資產配置的好選擇。**

圖 4-2 投資門檻

銀行	銀行理財	大部分產品5萬元起購。
證券公司	券商資產管理計畫	一、集合資產管理計畫： 1. 限定性大集合：5萬元 2. 非限定性大集合：10萬元 3. 小集合：100萬元 二、專項資產管理計畫契約，一般起點較高，大額認購。 三、定向資產管理計畫，100元起購。
	收益憑證	5萬元起購。
	抵押式報價回購產品	部分券商1000元起購，部分券商5萬元起購。
保險公司	分紅保險	具體產品具體約定。
	萬能保險	具體產品具體約定，目前網路銷售產品通常1000元起購。
	投連險	具體產品具體約定，目前網路銷售產品通常1000元起購。
	養老保障委託管理產品	部分產品1000元起購，部分產品1萬元起購。
	保險資產管理計畫	100萬元起購。

（單位：人民幣）

銀行理財產品琳瑯滿目，依照具體步驟來選擇

如果問為什麼要購買銀行理財產品，很多人都先認為它是升級版的銀行存款，買起來方便安心。以目前來看，銀行理財的確是低風險、固定收益類投資的好選擇，大多數銀行理財產品都屬於這一類。

然而，現在銀行有幾千家，推出的理財產品更是令人眼花繚亂。面對許多銀行理財產品，到底該怎麼挑選呢？

❖篩選適合你的理財產品

我製作了一張表格（見圖4-3），對照表格的三個步驟，並回答相應的問題，你

圖 4-3 銀行理財挑選步驟

步驟	內容	你的答案
釐清購買需求	準備拿多少錢買銀行理財產品？ （大部分銀行理財的起購金為5萬元）	
	是否有明確的用途和時間要求？ （封閉式產品一般無法中途收回）	
	對投資收益和風險的預期	
評估風險	產品類型	
	風險評級	
	投資方向	
	是否有風險保障措施	
	發行方	
比較收益	資金實際被占用的天數	
	實際收益率	
挑選結果	______ 銀行 ______ 理財，購買金額 ______ 元 ______ 日投資 ______ 日起息， ______ 日到期 ______ 收回資金， 預期收益 ______ 元，預期收益率為 ______	

（單位：人民幣）

就可以找到適合自己的銀行理財產品。

❖明確購買需求

無論任何投資，我們都不應該直接討論產品，而是應該先回歸自己的需求、自己的節奏。因此購買銀行理財產品前，首先建議大家先問自己以下幾個問題：

1. 你希望拿多少錢購買銀行理財產品？一般選擇用資金購買銀行理財產品的人，對安全性要求較高，而銀行理財產品的起購金額是人民幣五萬元，如果資金太少，就得先考慮其他選擇。

2. 這筆資金是否有明確的用途和時間要求？不少銀行理財產品都有固定期限，如果你有明確的使用計劃，一定要記得讓期限配合你的用途。

一旦封閉式的銀行理財產品交易成立，無法像定期存款可以提前提取，頗有一點「下好離手、概不退貨」的霸氣，所以購買前一定要注意自己的用途。開放式理財產品可以接受贖回，但贖回條件要看具體的產品說明書。

圖 4-4　2016 年銀行理財收益率分佈

產品收益率	占比
3%以下（含3%）的產品	12.13%
3%以上到4%（含4%）的產品	49.17%
4%以上到5%（含5%）的產品	36.76%
5%以上到6%（含6%）的產品	1.31%
6%以上到的產品	0.63%

※資料來源：《2016年銀行理財報告》，融360。

3. 對投資收益和風險的預期如何？根據統計，二〇一六年銀行理財產品的收益率，主要為三％到五％（見圖4-4），比貨幣基金的收益高出一％至二％。

大部分常規產品的風險較低，目前年化收益率在三％到五％，是否符合你的投資需求？

❖評估風險

產品類型

明確瞭解自己的需求後，再來好好認識一下銀行理財產品，評估

圖 4-5　認識銀行理財

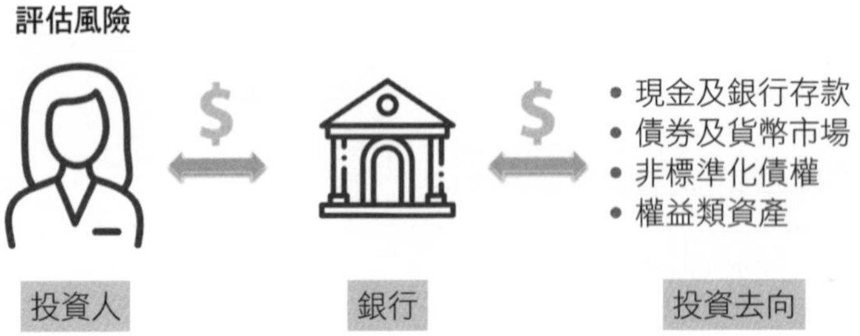

不同銀行理財產品各自的風險（見圖4-5）。

很多人認為銀行理財和銀行有關，和存款差不多、很安全，這個觀念其實並不正確。

銀行理財是指投資人購買銀行發行的不同產品，並把錢委託給銀行，投向不同類型的資產，並按照約定將取得的收益支付給我們。

我有一個朋友小布，在某間銀行負責設計理財產品。站在專業人士的角度來看，是如何包裝一款銀行理財產品的呢？

他分享一個案例：某天，一家

信託公司找到銀行，想募集八千萬元資金作為某個產品的優先資金，年化收益率為七%，期限為一年。

主管把這個任務交給小布，因此他做以下設計：找銀行託管一整筆交易，託管費為每年〇・〇二%，發行、管理產品需要人力、物力，所以需要再支付託管費用，而固定的管理費率為每年〇・二%。銀行當然不能白做這筆買賣，決定留存二%的收益作為利潤。算式如下：

7%－0.02%－0.2%－2%＝4.78%

於是誕生最終年化收益率為四・七八%、期限為一年，額度為八千萬元的銀行理財產品。當然，實際操作過程更複雜，比如銀行會先評估項目的風險情況，採取風險控管措施。銀行理財產品的投資方向也更複雜，往往混合多種投資產品，另外還要考慮募集期等時間因素。

銀行理財的運作過程基本如上，而銀行更像是資金的募集管理人和投資管

圖 4-6　銀行理財

理財類型／客戶類型	基礎類理財（包括機構客戶和私人銀行客戶）	綜合理財業務		
		普通個人理財	私人銀行理財、高淨值客戶理財	機構客戶
貨幣及債券型基金	√	√	√	√
貨幣債券外的證券投資基金			√	√
股票或非上市股權			√	√
不良資產及其受（收）益權				√
非票債權資產（信貸資產、信託貸款、委託債權、承兌匯票、信用證、應收帳款、各類受（收）益權、帶回購條款的股權性融資）		√	√	√

※資料來源：「IPO案例庫」，李冰、何明亞。

圖 4-7 投資方向與比例

投資方向	比例
銀行存款	0～50%
債券逆回購、資金拆借	0～90%
債券資產、資產管理計畫和信託計畫等	10%～100%

道，和存款完全不同。

由於這筆錢會被投資到各種不同的資產上，因此風險千差萬別。

主要投向房地產信託的銀行理財產品，和主要投向銀行間存款的銀行理財產品，風險也大不相同。

接著，介紹銀行理財產品能夠投資的種類（見圖4-6）。

購買銀行理財產品時，要多一點心眼，注意銀行理財產品的說明書，可以看到產品中的資金投向和比例。

舉例來說，我們在一個銀行官網上找到一款銀行理財產品，這個產品說明書上標明的投資方向與比例如圖4-7。

可以看到投資方向都是風險等級較低的標的，而且網站上標註的產品預期收益是四・三%，由此可以判斷，這款銀行理財產品的風險較低。

根據二〇一五年中國全國銀行業理財資訊系統，統計公布的《中國銀行業理財市場年度報告》顯示，債券和貨幣市場工具、現金及銀行存款是投資大宗，非標準化債券佔比則位列第三。回顧二〇一六年的銀行理財資金，主要投向基本上沒有變化，因此整體風險較低。

風險等級

如果產品說明書中的投資方向和比例比較模糊，有沒有其他可參考資訊呢？銀行理財產品說明書中，一般會標註所屬的風險等級，也是值得關注的資訊。

風險等級通常分為五級，從R1到R5（見圖4-8），也有部分銀行分成六級。級別越高，則風險越高。

R1、R2等級的銀行理財產品風險非常低，基本上都能達到預期收益率。此

圖 4-8　某銀行風險評級

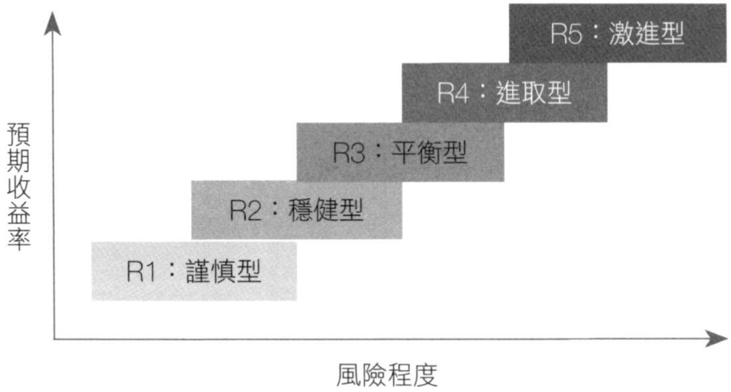

外，仔細閱讀產品說明書，內容是否有擔保條款等風險保障措施，也可以進一步判斷風險情況。

分類

銀行理財產品根據是否保本、保收益，分為保證收益類、保本浮動收益類和非保本浮動收益類。

很多人聽到保本、保證收益，都覺得很好，但實際情況並非如此。舉例來說，圖4-9中的三種銀行理財產品，從預期收益率來看B最高，但事實上B的實際收益最低，與它是結構性產品有很大關係。

圖 4-9　三種銀行理財產品

A	B	C
保證收益類	保本浮動類	非保本浮動類
投向貨幣市場、債券	結構性（掛勾指數）	投向貨幣市場、信貸等
預期收益率 3.6%	預期收益率 6.8%	預期收益率 5.2%
實際收益率 3.6%	實際收益率 0.6%	實際收益率 5.2%

比較銀行理財產品的收益率時，最重要的是關注投資方向和產品設計，不能簡單地以保不保本做判斷。

事實上，目前市面上的低風險、非保本浮動收益類產品的發行量最大（見圖4-10），也最受歡迎。

查看發行方

銀行發售的產品，並不只有銀行理財，現在的銀行有點像網路購物平台，除了販售自營商品，還會代銷他人的產品，如基金、信託、保險類理財，也可以直接透過銀行

圖 4-10　2016 年銀行理財產品分類

產品類型	佔比
保證收益類	9.10%
保本浮動類	22.39%
非保本浮動類	64.87%

※資料來源：《2016年銀行理財報告》，融360。

櫃檯發售。

另外，還有銀行保險、銀行證券等合作產品，分別是銀行和保險公司、證券公司合作發行（見圖4-11），也需要仔細觀察，相關的投資方式和範圍，可能與純粹由銀行發行的產品有所不同。

購買前要看清楚產品的發行方和管理方式，除了部分活期類銀行理財產品之外，目前市面上常見且受歡迎的銀行理財產品，通常有以下特點：

- 期限一般為一年內，有固定

圖 4-11　銀行發售的理財產品

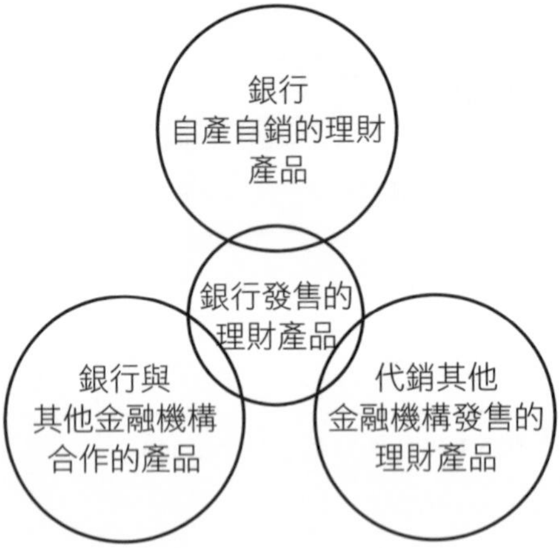

期限。

- 多為非保本浮動類產品，年化收益率在三%至五%。
- 風險等級一般為R2。
- 投資方向主要是中低風險的債券和貨幣類市場。

這樣的銀行理財產品，往往可以作為提升銀行存款的低風險投資管道。

比較收益

光是中國二〇一六年發行的銀行理財產品，就超過一萬種。銀行理財產品的種類眾多，可以滿足你的需求，同時屬於低風險投資。

這時，挑個收益相對較高的產品就更加划算。一方面可以貨比三家，挑選預期收益率更高的產品。另一方面，僅看收益率可能會在時間層面讓你跌一跤。很多人認為：銀行理財占用從購買日至收益結算日的資金周期，但其實沒有這麼簡單。

如果你在認購期的第一天買到銀行理財產品，除了購買日和實際計算收益的時間，你的資金在認購期、募集期，及最後到帳前的回款期都是不能使用的，收益率也會受影響。

舉例來說，有兩款九十天的銀行理財產品，風險差不多，A產品的預期收益率為六%，B產品的預期收益率為五．四%。但為什麼人們會選預期收益率更低的B呢？讓我們仔細看看這兩款產品：

- A產品：認購期七天，募集期一天，到期後兩天入帳，因為比較搶手，認購期的第一天就要搶購，所以實際上第一百天才能收回本息，實際年化收益率是五．四%。算式為：6%×90÷（7＋1＋90＋2）。

- B產品：認購期七天，募集期一天，到期後當晚入帳。因為不搶手，認購期最後一天購買即可，所以實際上九十二天便可以收回本息，實際年化收益率達到五・四八%，算式為：5.6%×90÷92。

認購期與募集期之間只有活期利息，產品說明書中若寫到「遇節日或例假日，將順延到下一個工作日」，則更應該好好計算自己的資金實際被占用的時間。

一般來說，銀行理財的相關費用，都會明確標示在產品說明書中，常見的包括託管費、管理費、銷售費等。通常先扣除這些費用之後，才會顯示預期收益率或產品淨值，所以直接比較預期收益率或淨值即可。

銀行理財產品這麼多，如何挑選與比較？

選擇和比較銀行理財產品，除了親自跑銀行諮詢，你還可以從網路輕鬆查詢。向大家推薦以下幾種方法：

- 各大銀行官網（最詳細，有完整的產品說明書，但各家互相獨立，不方便跨行比較）。
- 中國理財網（由中國銀行業監督委員會批准設立，最具權威性）。
- 金牛理財網（由《中國證券報》設立，界面易於使用）。

可以登錄中國理財網或金牛理財網，根據自己的篩選條件，試著搜尋一個銀行理財產品看看。

❖從零帶你買銀行理財產品

挑選好心儀的銀行理財產品後，接著進入購買階段，以下介紹購買理財產品的具體方法。購買途徑有臨櫃購買和線上購買（網路銀行、手機行動銀行、直銷銀行）。

購買銀行理財產品，需要區分是不是首次購入。**第一步，先在銀行完成投資風**

險承受度測試。首次購買銀行理財產品的步驟較複雜，必須攜帶身份證，去銀行分行完成風險承受度測試。需要注意的是：

- 可購買的銀行理財產品，風險必須等於或低於測試結果。
- 每家銀行必須單獨測試，結果不互相通用。
- 每次測驗的有效期為一年，但從第二次以後，風險承受度測試可以線上完成。

第二步，臨櫃購買銀行理財產品。完成風險測試後，到銀行臨櫃購買銀行理財產品，需要準備好一張該銀行的簽帳金融卡（debit card），並存入相應的投資金額，簽署相應產品的購買合約和風險提示說明，並以該張簽帳金融卡支付。

第三步，線上購買銀行理財產品。如果你已經在某家銀行完成風險承受度測試，往後只要是購買這家銀行的理財產品，都可以線上直接操作。

線上操作的方法很簡單，你可以透過銀行的官方網路銀行、手機銀行，或是直銷銀行購買。一般來說，無論是網路銀行或手機行動銀行，都有理財產品的頁面。購買前可以從網站下載產品說明書，仔細閱讀後再購買。只要帳戶中有足夠金額，並選擇要購買的銀行理財產品，點擊確認後扣款即可。

另外，現在越來越多銀行機構開通直銷銀行，直銷銀行沒有營業據點，不發放實體金融卡，客戶主要透過電腦、電子郵件、手機等管道，獲得銀行產品資訊和服務。和普通網路銀行最大的不同是，直銷銀行不必用該家銀行的帳戶交易，可以綁定其他銀行的帳戶。

直銷銀行也會銷售各類銀行理財產品，操作步驟和普通網路銀行差不多，並支援使用其他銀行的帳戶購買。不過，仍要在銀行分行完成風險承受度測試，才能購買。瞭解如何購買銀行理財產品後，下面分享幾個提高銀行理財產品收益的小技巧。

首先，比起大銀行，不妨關注中小型銀行。回顧二〇一六年銀行理財的數據，一些中小型銀行的產品發行數量不斷增加，而且收益往往比國營銀行高。

產品風險差不多時，中小型銀行的產品收益率往往更高，另一方面，選擇產品發售更頻繁、不難搶的銀行，當你想買銀行理財產品時，就能買到即將升息的產品，資金的利用效率更高。

此外，搭配到期期限，資金靈活、收益高兩不誤。絕大多數固定期限的銀行理財產品，無法在到期前提前領取，非常不靈活。這時，可以巧妙搭配不同期限的銀行理財產品，讓錢變得靈活。

將你的資金分成幾份，分別購買不同期限的銀行理財產品，使它們到期的時間相差一個月，或更短的時間。到期後繼續投入，保持每隔一段時間，就有一筆產品到期的狀態。

另外，在空檔期間巧用通知存款、銀行活期理財，不讓錢休息。由於銀行理財產品在募集期只會按照活期計息，如果產品不需要搶購，可以在募集期的最後幾天購買。在此期間的空檔，不妨先把錢存入通知存款，或可以隨時提取的活期理財產品，收益會更高。

銀行理財產品的收益在季末、年末往往更高，一般來講，這兩個時間點適合購買銀行理財產品。這時的收益率相較於前一段時間，會提高約〇・五個百分點，當出現「錢荒」的情況時，提高的幅度會更大。

季末、年末是金融機構面臨大考的時間點，金融機構之間互相借錢的動力會特別充足，借款資金來源主要來自同業存款，使得此時利率上升。如果銀行理財產品是投資於同業存款的，自然也跟著受益。

券商的集合資產管理計畫，在股權投資上有優勢

相較於銀行發行的理財產品，可能很多人沒有注意到，原來券商也有推出理財產品。

為什麼要關注券商理財產品呢？同樣是閒置資金，為什麼有人能從中獲得更高的收益？相同種類的低風險產品，有沒有比銀行理財收益更高的選擇？據說券商投資分析能力強，會不會把一些獨門絕技放在自家產品中？將於以下說明。

❖券商理財

券商和銀行一樣，除了發行自己的產品之外，也會代銷基金、銀行理財等其他

圖 4-12　券商理財

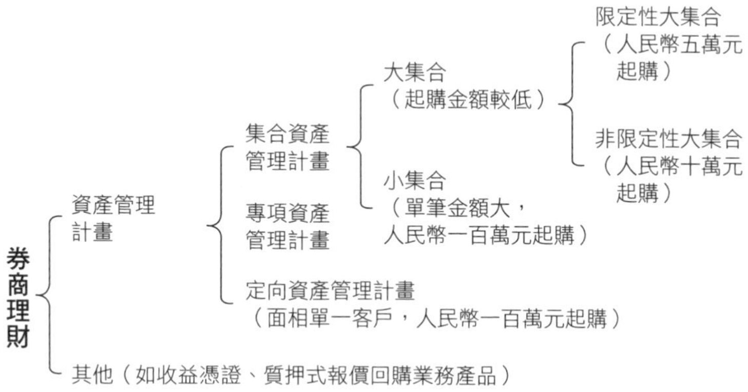

理財產品。我們仔細分析券商發行的產品，可以發現券商自己發起設立的理財產品，一般包括圖4-12中的幾種。

這些產品中，我們比較容易購買的是集合資產管理計劃、收益憑證和質押式報價回購業務產品。

❖集合資產管理計劃

雖然集合資產管理計劃讀起來有些拗口，但是非常容易具體想像內容。

證券公司與多個投資者簽訂集

圖 4-13　集合資產管理計劃的投資範圍

限定性集合資產管理計畫：
⑴ 國債、國家重電建設債券、債券行證券投資基金、在證券交易所上市的企業債券、其他信用度高且流動性強的固定收益類金融產品。
⑵ 業績優良、成長性高、流動性強的股票等權益類證券，以及股票型證券投資基金的資產。

非限定性集合資產管理計畫：
投資範圍依照合約約定。

合資產管理計劃合約後，會把這些錢集中起來，用專門帳戶投資，為我們提供資產管理服務。

這個帳戶和證券公司的其他資產是分開的，會由專門的銀行託管監督。

大集合資產管理計劃，可以從證券公司的分行櫃檯和線上理財網站購買。小集合資產管理計劃，由於需要審核投資者的資料，首次需要去分行據點確認。

集合資產管理計劃的投資範圍比較廣泛（見圖4-13）。政府規定銀行理財產品禁止投資境內二級市場

圖 4-14　集合資產管理計劃的分類

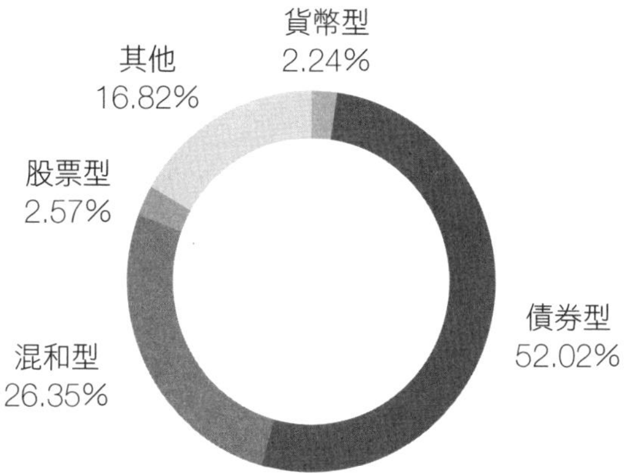

資料來源：眾祿研究中心。

公開交易的股票，或與其相關的證券投資基金。

相較之下，券商的集合資產管理計劃，在股權類投資上比較有優勢。

根據投資範圍的不同，還可以把集合資產管理計劃分成貨幣型、債券型、股票型、混合型、QDII（合格境內機構投資者）型、FOF（組合型基金）型等（見圖4-14）。

讀者可能會發現，這些類別怎麼和基金的分類相似呢？其實這是現在的大趨勢，金融行業和證券業混合。

事實上，現在金融機構的理財產品，有不少是互相交錯投資的，例如：銀行理財可以投資券商的資產管理計劃，券商的集合資產管理計劃也可以投資公募基金。因此，無法單純地指出哪個機構發行的產品，就一定好或一定不好。需要用更普遍的方法去分析每一款產品（見圖4-15），再判斷它的風險和收益水準是否符合自己的需求。

圖 4-15　金融理財產品的分析方法

問題	你的答案
管理人、發行人是誰？	
投資方向為何？投資策略是什麼？	
有什麼特殊的結構設計？	
有哪些風險控管措施？	
交易費用高不高？	
投資期限為何？流動性限制為何？	
投資金額是否有限制？	
是否有歷史收益率、預期收益率可供參考？	

想買投資型保險？要用「一查一比」做判斷

二〇一六年，「險資」這個詞頻繁在財經新聞裡出現，一時成了投資界的網紅。舉例來說，「險資舉牌萬科」的事件就鬧得沸沸揚揚，保險公司的投資也越來越激烈。

險資是指保險公司的資金，而險資舉牌則是指，投資者持有一家上市公司已發行股份的五%時，應在該事實發生之日起，三日內向中國國務院證券監督管理機構、證券交易所提出書面報告，通知該上市公司並予以公告，且履行有關法律規定的義務。

這幾年保險公司有兩大變化：第一是總資產和保費收入不斷上升（見圖4-16和圖4-17），使得保險公司手中可動用的資金不斷增加，另一個是保險公司可投資的範圍

圖 4-16　保險市場總資產規模和增長率

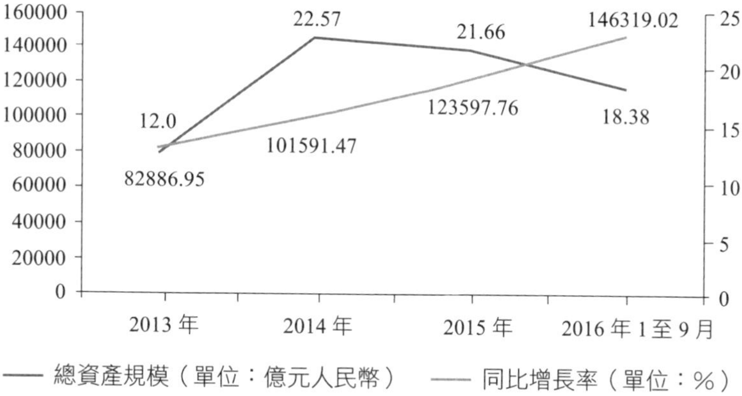

圖 4-17　保險保費收入和增長率

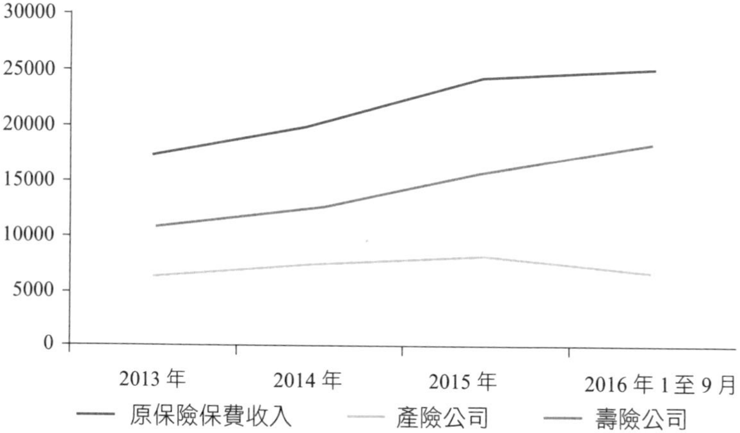

（單位：元人民幣）

※圖4-16、4-17資料來源：中國保險監督管理委員會數據統計報告。

圖 4-18　保險資金的投資標的和變化

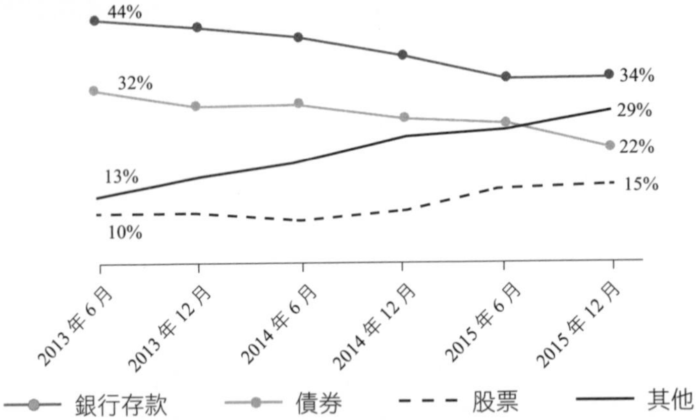

※資料來源：《2016中國理財地圖—保險、券商、互聯網理財市場》，林采宜、斯子文、艾熊峰。

越來越廣。

二〇一二年以來，中國監管部門逐步開放保險業的資產投向和比例限制。

尤其是二〇一二年底推出的「保險新政十三條」，讓保險公司可以投資銀行、證券和信託的理財產品，以及委託其他投資管理機構管理保險資金（見圖4-18）。從投資範圍的角度來說，保險公司並不遜色。

擁有更多的資金，代表有更大的投資權限（見圖4-19），保險公司的目標自然是希望有更好的投資、

圖 4-19　投資管道放寬提高險資收益水平

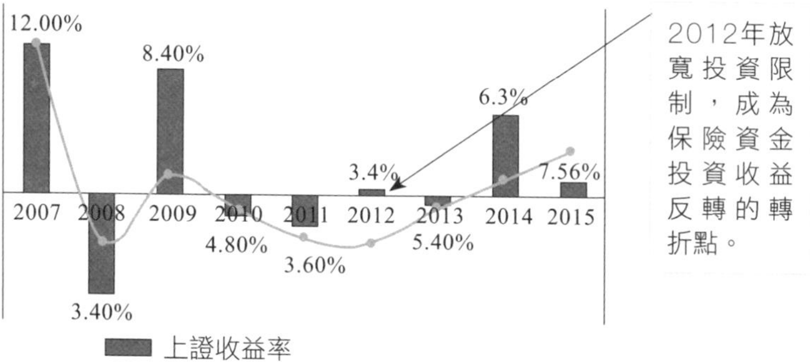

※資料來源：《2016中國理財地圖—保險、券商、互聯網理財市場》，林采宜、斯子文、艾熊峰。

賺更多的錢。

回顧過去幾年保險資金的收益率，也不斷提高。所以，跟著保險公司一起賺錢，也應該納入我們的選項。

但是，**買保險時要注意，千萬不要將保障功能和投資功能混為一談**。這就好比你把紅墨水和藍墨水混在一起，難以再從中分離出理想的紅色或藍色。

買任何保險前，請各位務必先回答這個問題：買這款保險產品是為了保障，還是為了投資？

❖投資屬性的保險

從投資者的角度來看，有的保險理財產品很好，有的坑人。具有投資屬性的保險產品主要集中在以下三類：

- 分紅保險
- 萬能保險
- 投資連結保險（投連險）

分紅保險

分紅保險是指保險公司假設經營有盈餘，並按照不低於七〇％的標準，將盈餘分配給被保險人的人壽保險。被保險人可以享有壽險的保障，同時還可以分享盈餘收益。另外，分紅保險還有一大特點，是有固定的費率和投資期間。

保單持有人購買分紅保險產品，不僅能獲得契約中規定的風險保障，而且因為

持有保單，所以有可分配盈餘，與保險公司分享收益。聽起來似乎很不錯，但請你先瞭解這些資訊，再做決定。

分紅保險沒有最低利率，最壞的情況是沒有紅利可以分配，但畢竟我們購買是用來投資，最關心的還是分紅。分紅保險的收益主要來自保險公司的盈餘分配，而保險公司如何才會有盈餘呢？

保險公司的收入＝死差＋費差＋利差。所謂死差指的是保費差，本來保險公司預今年估死亡賠償大概要花一千萬元，如果實際上只賠了九百萬元，就多賺到一百萬元。當然也有可能虧損。

所謂費差，是指經營管理費用的差距。假設保險公司預計今年的營業費用需要兩千萬元，實際上花費兩千兩百萬元，因此產生兩百萬元的虧損。當然也可能賺錢，而最後剩下的部分才是投資收益。

聽起來是不是很複雜？分紅保險的分紅來源不僅看投資，而且還有很大的不確定性和不透明性。還具有以下特點：

- 繳費期間長、不靈活。分紅保險有固定的投保期間，而且往往長達十幾年、甚至幾十年，投保期間較長。
- 歷史分紅雖然有不斷提高的趨勢，但收益並不算高。

我在分享理財知識的過程，曾經遇到一位母親，向我們詢問一種分紅產品：寶寶險零歲起投入十萬元、收回六十一萬元，到底划不划算？幫他計算後，實際年化收益率不到四％。

保險公司的口碑曾經不太好，一部分原因是大部分分紅保險的收益率很低，一般不到四％，甚至十年前分紅保險還很熱銷時，不少產品的最終實際年收益率其實不到二％。

不過，這幾年分紅保險的收益率逐漸上升，有些年份的分紅保險可以實現四％至五％，甚至更高的收益率。根據以上的分析，分紅保險是投資型保險中保障性質最強的產品，同時導致其理財功能最弱。

目前來看，如果你是懶得理財的人，能夠接受分紅保險的低收益率，把它作為

強制儲蓄的途徑，便可以考慮購買。但整體而言，它的投資性價比並不算高。

萬能保險

萬能保險是指可以任意支付保險費，以及任意調整死亡給付金額的人壽保險。它的繳費方式十分靈活，除了第一期保費按規定必須繳納以外，之後的保費支付額可以隨意組合（甚至不繳），但會相應地調整你的保額。

到期後不僅會返還保費，提取收益也比較靈活。這類保險對接的投資產品範圍廣泛、比例靈活，原本是一個壽險，但保險公司發現有很大的包裝空間：

- 可以加入各種投資產品，增強投資屬性。
- 可以設置不同的退保條件，變相實現定期產品的效果（目前監管趨嚴，短期萬能保險被叫停）。
- 可以任意調整壽險的理賠，弱化保障功能，讓投資屬性更明顯。

當然，也因為萬能保險的靈活特點，使它玩法多種多樣，在貨幣基金後被打造成新興的網紅產品。二〇一三年至二〇一四年，網路上甚至出現過收益率七％左右、期限只有幾個月的萬能保險。因為萬能保險很靈活，好壞不能一概而論，所以更要具體分析產品。

在收益方面，萬能保險很有特色：**首先，萬能保險會標示最低保證利率，是非常特別的優勢，表示保險公司有法定義務向你支付的保證利率，相當於保本、保息。**即使保險公司破產，也必須找到另一家保險公司接手。接手的保險公司要承諾繼續負責破產前的所有保單，所以最低保證利率的存在，大大增加這款產品的安全性。

目前，中國保險監督管理委員會設置分紅保險的預定利率，年複利不得高於三・五％，只需要備案。預定利率高於三・五％，則必須按相關規定呈報主管機關審核。萬能保險的最低保證利率也受這條規定限制，所以一般看到萬能保險的最低保證利率，都在三・五％以下。

聽到最低保證利率不高於三・五％，你可能會覺得收益率好像不高。先別急，最低保證利率只是你拿到收益的下限，所以還需要判斷是否有更多可能性、獲得多少收益。這時，建議大家注意萬能保險的歷史年化收益率（歷史年化結算利率）。

這個數字有兩個作用：首先，保險公司往往用歷史年化收益率宣傳產品，功能類似其他理財產品的預期收益率。其次，預期收益率代表這家保險公司以往的投資能力，具有參考價值。

還有一個小技巧，你可以看看這家保險公司過去發行的產品，在宣傳時使用的歷史年化收益率，與實際結算利率的差距。也就是說，利用這兩個數字驗證這家公司過去是否言行一致。

還有一個會影響投資收益的隱藏要素，是身故保證金。身故保證金越高，收益率越低。因此，如果你希望買一個好的投資品，可以選擇身故保證和保單價值差不多的產品。

身故保證金其實是萬能保險的保障功能，需要較多的成本作為理賠的準備，因此會削弱投資功能。把這些要素總結成投資萬能保的分析表（見圖4-20），十分鐘就能瞭解萬能保險。

圖 4-20 萬能保險投資分析

問題	問題	說明	產品分析
判斷類型	是否為萬能保險	應該明確標註「萬能保險」字樣。	
評估收益率	最低保證利率	你可以獲得的最低收益率。	
	歷史結算利率	可作為參考的預期收益率。	
	身故保證金：被投保人去世如何賠償	與保單價值一樣或稍高即可，不宜過高。	
明確投資期限	名義期限	產品自然到期時間。	
	實際期限：何時開始退保無損失	在期限後，可以隨時取出無損失。	
其他成本費用	是否有其他提取、分紅條件和限制		
其他要素備註	發行公司、銷售平台等		

投資連結保險（投連險）

投連險具有很強的投資屬性。新聞報導常用「大幅波動」、「短期業績不佳」等字眼形容投連險，你可能也聽過「長期投資價值，偏股類近三年收益率普遍在四五％以上」，聽起來很值得投資。我整理近三年投連險的收益情況，也得出類似的結論（見圖4-21）。

什麼是投連險？和萬能保險有什麼區別？我用蔬菜粥和麻辣燙做比喻：想要吃清淡一點會想到蔬菜粥，它的味道不會太濃，比較有營養。蔬菜粥就像萬能保險，因為有最低保證收益率，想要進行低風險投資時，是個不錯的選擇。

但一直喝蔬菜粥太乏味了，難免會想試試更刺激的麻辣燙。可是麻辣燙沒有蔬菜粥那麼簡單，你不一定知道裡面加了什麼料，得根據自己的情況選擇辣度，否則可能被辣到，而投連險就好比麻辣燙。

不同的投連險，背後的投資方向千差萬別，必須仔細分析具體的投資標的有哪些、比例為多少。另外，必須根據自己的實際情況判斷是否適合投資，不然可能選到風險過高的產品。

圖 4-21　2014至2016年投連險收益情況

年度	2014	2015	2016
月平均收益率總和	16.38%	21.62%	–4.07%

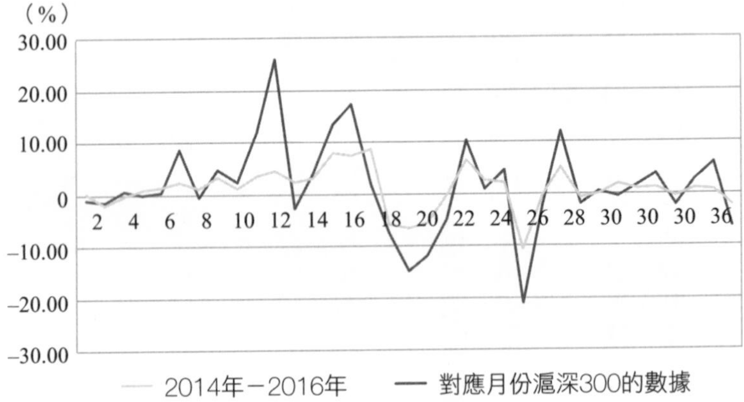

※資料來源：華寶證券研究院。

圖 4-22　投連險

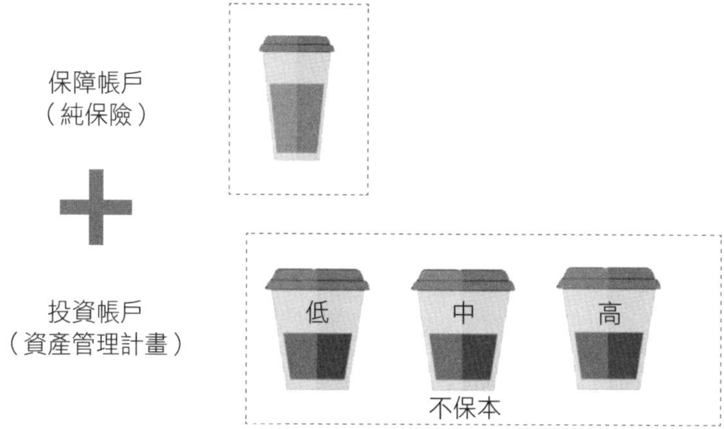

投連險是一種兼具保險與投資功能的新保險商品。設有保證收益帳戶、發展帳戶和基金帳戶等，而每個帳戶投資組合、收益率、投資風險都不同。

由於投資帳戶不承諾投資回報，保險公司在收取資產管理費後，所有的投資收益和損失，都交由客戶承擔。這個概念請參考圖4-22，會更清楚。

無論是分紅保險、萬能保險，還是投連險，都是根據壽險的基礎而設計，所以投連險也會保留一個基礎的「保障帳戶」。

不過，投連險的主要目的還是投資，因此保障帳戶預留的資金很少，所以大部分的錢都會投入第二部分的「投資帳戶」。

投連險的投資範圍廣泛，從低風險的貨幣型產品，到高風險的權益類產品、房產類金融投資都可以參與。**投連險不保本，投資前需要好好分析、挑選，我建議用「一查一比」做判斷。**

所謂「一查」，是對照投連險的投資要素分析表，先全面性檢查。和萬能保險最大的不同是，必須非常詳細地觀察連投險的投資方向、比例、投資策略等風險評估（見圖4-23）。

所謂「一比」，是瞭解投資方向和比例後，分類這款投連險，然後跟其他投資方向相似的理財產品做比較，挑選更適合你的產品。圖4-24的分類標準可供你參考，當然，在實際應用過程中不用這麼嚴格和精確，重點在於比較。

如果券商專案經理向你推薦一款資產管理計劃，八〇％以上的資金投於權益類資產，而另一款投連險，七〇％以上的資產投於權益類資產，你還對另一支主動型的股票型基金感興趣，就很適合放在一起比較。

圖 4-23　投連險評估

問題	問題	說明	產品分析
判斷類型	是否為投連險	應該明確標註「投連險」字樣。	
評估風險	投資方向及投資比例	投資的產品越激進、風險越高。	
	風險等級	可作為風險參考。	
評估收益	參考年化報酬率（固定收益類）	可參考的預期收益率。	
	歷史結算利率（固定收益類） 歷史淨值走勢（浮動收益類）	展示保險公司的的實際投資能力。	
	保障效果：如果被投保人發生事故（如死亡），如何理賠	保障效果和投資收益成反比。要追求更好的投資收益，應該盡可能弱化保障效果。	
明確投資期限和流動性	投資期限	例如是否有鎖定期。	
	其他瞭解限制	例如一定時期內解約，需支付額外費用。	
成本費用	管理費用、託管費用等各類收費情況		
其他要素備註	發行公司、銷售平台等		

圖 4-24 投連險分類標準

一級分類	二級分類	分類標準	
		按權益投資分	按投資股票、基金比例分
指數型	指數型	採取指數化策略	指數化策略
激進型	激進型	權益配置比例在70%以上	80%以上
混和型	混和激進型	權益配置比例在40%至70%	50%至80%
	混和保守型	權益配置比例在40%以下	20%至50%
債券型	增強債券型	可投債券基金，或少量權益類投資	20%以下
	全債型	不投資權益，但投資於債券和貨幣市場	80%債券
貨幣型	貨幣型	投資貨幣市場的比例在80%以上	80%貨幣市場
類固定收益型	類固定收益型	投資貨幣市場的比例在80%以上	80%貨幣市場

除此之外，現在不少網路平台都推出期限短、宣稱預期收益率能到達多少%的投連險，這些產品往往有三大特徵：

- 幾乎隱藏保障（降低費用），然後用更多的錢去投資。
- 有固定的參考年化收益率，主要投資於固定收益類產品，但始終有風險。
- 收益率一般比同期間的萬能保險稍高。

風險和收益是並存的，但投連險並沒有保證最低收益，所以還是要用前面的分析法綜合判斷。

養老保障委託管理產品

介紹完投資型保險類產品，其實保險公司也可以讓自己的產品只純粹做投資。舉例來說，現在越來越熱門的「養老保障委託管理產品」。

養老保障委託管理業務，是指由養老保險公司作為管理人，接受政府機關、企業單位，及其他社會組織等團體或個人的委託，以提供養老保障及相關的資金管理服務。

養老保障委託管理產品並不具備保險的性質，簡單來說，是保險公司出於投資需求而設置的投資計劃，但由於投資範圍和設計上較靈活，所以被包裝成各式各樣的理財產品。網路上銷售比較多的，是活期產品和固定收益類產品。

個人養老保障委託管理產品的收益情況，有一定的競爭力，一般比同期間的萬能保險的收益率更高。主要因為這些資金往往會投向高收益的非標資產，如信託計劃、債券計劃等。同樣，可以參考投連險的分析模式，以一查一比分析選擇。

保險資產管理計劃

除此以外，保險公司和證券公司一樣，可以發行資產管理計劃，選購的方法和券商推出的資產管理計劃產品相同。

總結一下，相較於分紅保險、萬能保險，投連險的投資屬性最強，也有不少有收益優勢的產品。不同的投連險，投資範圍差異非常大，一定要認真分析。

除了用保險來包裝，保險公司也可以發行不具保障屬性、更純粹的投資產品，例如：養老保障委託管理產品、資產管理計劃，分析方法是共通的。選擇時要先從自己的需求出發，再分析產品本身的特點。

❖哪種理財產品更值得買？

哪個機構推出的產品更值得購買？這一切的判斷標準都必須根據自己的需求。首先剔除不適合的、風險過高、門檻過高的產品。

金融業出現混業經營的趨勢，不同金融公司都可以涉足貨幣市場、債券市場、股票市場。你會發現有越來越多的新產品，另一方面，各種金融機構的產品共同點也越來越多。當對產品有所疑惑時，不妨從以下三個角度重新審視一下：

- 它背後的基礎資產是什麼？

- 它的投資策略是什麼？
- 它的發行方和管理人是誰，他們的投資能力如何？

我們已介紹整理銀行、券商、保險公司的三大類產品，它們各有優劣，**你應該從自身的需求出發，選擇最適合自己的產品。**

專欄

台灣的投資型保險

台灣於二〇〇一年開放可以銷售投資型保險商品，投資型保險商品所涵蓋之標的，初期開放包括共同基金、ETF、貨幣帳戶，至今已發展出結構型債券、目標到期債券基金、全委帳戶等連結標的。

投資型保險其實可分為「投資型壽險」及「投資型年金」。投資型壽險是指具備壽險保障，同時附加其他投資帳戶，通常與共同基金、ETF、結構型債券、公債、貨幣帳戶連結。投資型壽險可以再分為三種類型，包含：

- 變額壽險：固定繳費，通常有保證最低死亡給付，但保單帳戶價值隨績效而定，沒有最低保證。
- 變額萬能壽險：彈性繳費，死亡給付分甲、乙兩型。

- 投資連結型壽險：大部分為躉繳（一次繳清），且連結標的為結構型債券。

投資型年金又稱為「變額年金」，可以躉繳、定期繳費或彈性繳費，累積期間之保單帳戶價值隨績效而定。累計期間繳交的保費，在保單到期後，投資帳戶的資產會全部兌現，轉回保險公司一般帳戶，可以領取年金。

投資型保險仍需有保險保障成分，只不過保單帳戶價值的部分，從過去保險公司操作（傳統型商品），改由保戶自己選擇投資標的與比重。投資型保險具備四種特色：

- **費用結構透明化，且需充分揭露**。相較於傳統型保險，投資型保險在前置費用、保險相關費用、投資相關費用、後置費用等，都必須依法律規定註明。
- **保單帳戶價值依投資標的的績效而變化**。由於投資標的與比重是由保戶自行選擇，因此投資績效會因此改變，等於保單的盈虧由保戶自負。

- **投資資產放置於專設帳簿**。投資型保險會將保單持有人繳交的保費，分為一般保費和投資保費，投資保費投入不同的標的後，由保管機構設置專門的帳簿，直到身故、期滿、解約或價值贖回後，才會返還給保單持有人。
- **保費繳付方式有彈性**。傳統型保險主要以分期的方式繳交保費，而投資型保險的繳付方式可分為「目標保費」，只繳交保單中的最低應繳金額。大部份是用於繳交保單手續費，實際用於投資的部分相當低。繳交的金額若是超過最低應繳部分，則是屬於「超額保費」，一般用於投資的比例較高。

❖你適合購買投資型保險嗎？

由於投資型保險的投資風險，是由保戶自行承擔，投資標的以往的績效不保證未來的投資收益，除非保險契約另有約定，否則保險公司不負盈虧責任。購買投資型保險前，要確認自己是否能承受虧損？能承受多少程度的虧損？

另外，投資型保單較適合長期投保規劃，提前贖回或解約，可能會面臨市場價格風險，因此領回的金額有可能低於已繳的保險費，甚至無法贖回。需有資金長期投資的心理準備，確保五年或以上不會用到這筆資金。

投資連結型壽險的連結標的為結構型債券，要保人如有中途轉出、贖回或提前解約、贖回，則喪失保本權利，需承擔一切投資風險及相關費用。

值得注意的是，有些惡質的保險業務員會用話術欺騙投保人，說可以將高預定利率保單「轉換」為投資型保單。其實傳統型保單無法轉換為投資型保單。如果有，其實也是將傳統型保單解約，再將解約金當作保險費購買投資型保險，購買時請務必注意。**保險的基本功能仍然在於保障，應該先確認你的保障是否足夠？先追求保障，再看投資。**

※ 參考資料：財團法人保險專業發展中心

編輯部根據台灣情況整理

NOTE / / /

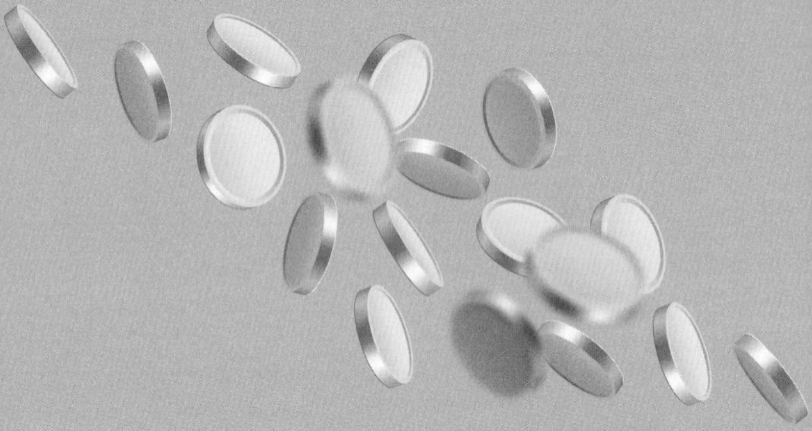

如果你沒有把握能夠持有十年，就連十分鐘都不必考慮持有。

——華倫·巴菲特（Warren Buffett）

第5章

巴菲特也推薦的指數基金，讓你獲利多一倍

用小錢買基金，就能參與整個市場、不受個別標的影響

雖然在生活中常聽到基金一詞，但很多人認為與自己無關，其實基金頻繁地參與我們的生活，因此應該先瞭解基金的基本特點。**基金是一種門檻很低的投資方式，可以用很少的錢，參與種類豐富的投資管道，適合普通投資者。**

買基金其實是把錢委託給專業人士，我們一般稱為「基金經理人」，請他們幫買家投資。有點像吃飯時，雖然親自下廚也不錯，但因為我們工作太忙，廚藝也不一定好，所以現在越來越流行上餐館、叫外送。

每個人喜歡吃的菜不同，所以得懂得挑選符合自己口味的料理，在基金中便是指投向。同時還得挑選適合自己的廚師，也就是基金經理人（見圖5-1）。**投資比做飯更難、更耗費精力，所以大家把錢集合在一起，交由專業的基金經理人打理。**

圖 5-1　購買基金就像廚師做菜

把錢委託給基金經理人投資
把食材交給廚師
NEWS

我們得會選擇符合自己「口味」的料理：投向，以及合適風格的「廚師」：基金經理人

一般最容易接觸的基金投資產品是公募基金，除了特別指明的基金之外，都為公募基金。

公募基金是指受政府主管部門監管，向不特定投資者公開發行受益憑證的證券投資基金。

這些基金在法律的嚴格監管下，必須公開資訊、利潤分配、運行限制等行業規範。

基金按照投向、地域與管理方法，各有優缺點

買基金最常見遇上的問題，是購買前不清楚背後的材料。一位朋友曾經告訴我，她在某平台買理財產品時，看到彈出視窗推薦一支基金，因為覺得這個平台之前的理財產品的收益一直很穩定，這支基金的收益比餘額寶高出不少，二話不說便下手買了，結果沒想到剛買幾天就開始下跌，讓她非常懊惱。

我查過她買的那支基金名字後，才知道，她把一支股票型基金當作貨幣型基金投資，自然沒有做好基金價格會跌的心理準備。

❖按背後投向分類

圖 5-2 基金的背後是什麼

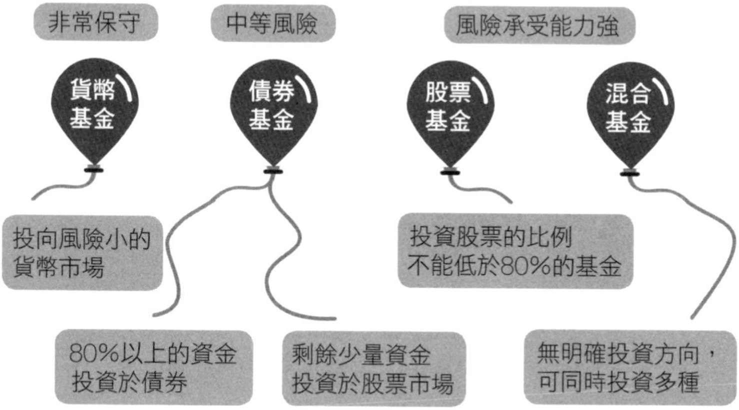

不同基金背後的材料，可以大致分為四個類別：貨幣基金、債券基金、股票基金、混合基金（見圖5-2）。

貨幣基金專門投資風險小的貨幣市場，例如：國債、央行票據、商業票據、銀行定期存款、同業存款等。

債券基金八〇%以上的資金會投資於債券，剩餘的少量資金會投資於股票市場。債券基金的收益雖然高於貨幣基金，但長期來看風險也更大。

股票基金是指投資股票的比例

不低於八〇%的基金，風險相對最高。前三類基金的主要投資方向較明確，但後來出現可以同時投資股票、債券和貨幣市場等多種金融工具，而沒有明確的投資方向者，即為混合基金。

應該選擇哪類基金，與你追求的收益率和可承受的風險有關：

- 如果你非常保守，幾乎不能接受虧損，就選擇安穩的貨幣基金。
- 如果你能承受中等風險，債券基金是不錯的選擇。
- 如果你的風險承受能力強，並且能接受長期投資，則可以考慮把較高比例的資金，放在股票基金或混合基金中。

另外還有一些比較另類的基金，投資的對象是特殊資產，如大宗商品類的黃金基金、石油基金，以及房地產信託基金等。

❖按投資地域分類

根據投資地域的不同，可以把基金分為國內基金和境外基金。境外基金或稱海外基金，意思是指註冊地點在海外的基金。因此，即使投資對象是海外的基金，也不一定屬於海外基金，因為註冊地可能是由國內投信發行的。

❖按不同管理方法分類

另外，根據基金經理人不同的管理方法，把基金分為被動型基金和主動型基金。被動型基金一般指的是指數型基金（又稱指數基金），指數就像是料理的固定搭配食譜，基金經理人只要按照指數的規定，直接投資於其中包含的股票即可。

舉例來說，常聽到的「滬深300指數基金」追蹤的是滬深300指數（見圖5-3），是中國境內影響力非常大的指數，其中的成分股是從滬深兩市中挑選出最大的三百家大型企業。

圖 5-3　滬深 300指數

A股市場是反映行情變化的指南針，
將2004年12月31日的指數設為1000點，以此衡量市場走勢。

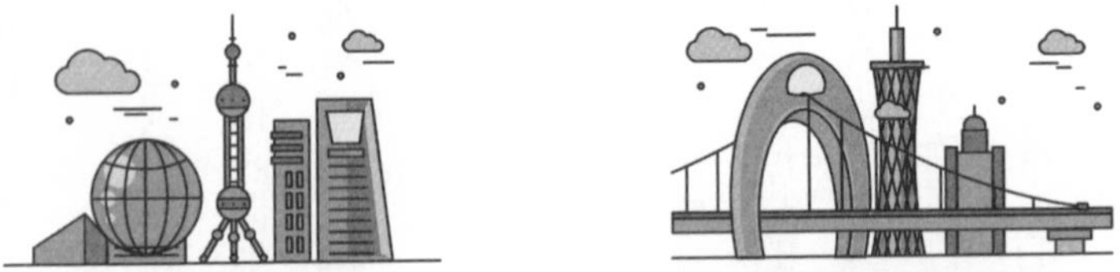

上海證券交易所　　深圳證券交易所

↓

共同選擇在股票規模、成交金額等方面排名前300的各行業股票

↓

中証指數有限公司編制

基金經理人不用在選股票這件事上傷腦筋，只要投資滬深300指數中包含的成分股即可。

除此之外，還有各種各樣的指數，比如中證500指數，選擇的是滬深兩市規模排在三〇一至八〇〇家的中小企業。A股市場則是反映行情變化的指南針，將二〇〇四年十二月三十一日的指數設為一千點，以此來衡量市場走勢。

主動型基金則需要基金經理人投入大量的精力和成本，自己花費時間、精力去選股、選債券，也需要大量的分析，才能透過人工挑選，獲得比市場水平更高的收益。正由於主動型基金人操作的因素，比被動型基金多，所以選擇好的基金經理人十分關鍵。

為了買到適合自己的基金，在購買基金前應該詳讀基金的招募書，這就像基金的使用說明書，會介紹各種基本資訊和投資說明。招募書的投資範圍欄會列出每支基金組合的比例，能藉此知道這支基金中股票和債券的比例，若股票越多，風格越激進。

基金的招募書、公告，甚至契約資訊都是公開的，你可以輕鬆上網查詢，也可以透過第三方平台查詢基金名稱，一般都會提供詳情。你甚至在搜索引擎中輸入「基金名稱、招募書」，就可以找到詳細資訊。

想獲利得耐住性子，依據需求安排長期計畫

悲觀的心態經常會成為我們賺錢的最大阻礙。很多人認為投資基金的難度太高，要從幾千支基金裡面選擇適合的投資產品，而且還可能動輒虧損。但真的有這麼難嗎？

先和你分享幾個數字：目前中國市場上大概有四千支基金，如果不考慮規模等要素，在二〇〇五年至二〇一五年，所有的公募基金（包括貨幣基金和債券基金）每年的平均收益率約為一九・二%，年化收益率約為一六%，其中，只有兩年的收益為負值（見圖5-4）。

照這個數據來看，只要選一支看起來不錯的基金，簡單放著不就可以賺錢了嗎？但事實上，投資基金五〇%以上的人都是虧損的，為什麼會出現這種情況？讓

圖 5-4　中國公募基金一年期收益率

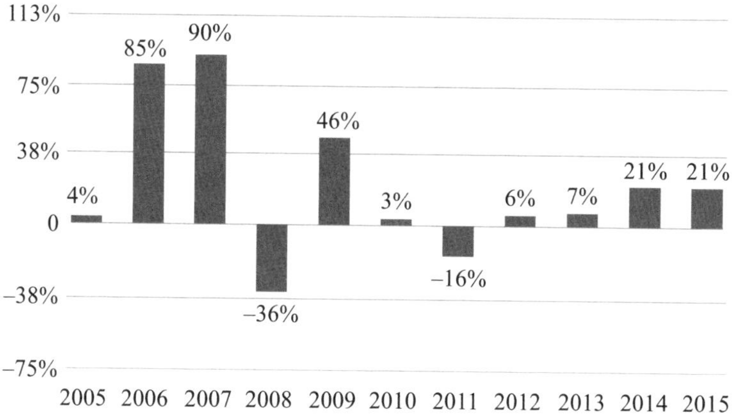

我講個故事，你就會明白。

我有個親戚Z叔，二〇〇七年大牛市時，因為羨慕別人炒股的收益，而貿然進入股市，結果人民幣二十萬元積蓄全部被套牢。

他心有餘悸，決定試買股票型基金，認為至少還有基金經理人的操作可以保證。

但是，Z叔用買股的邏輯買股票型基金，他每天泡在論壇上，看到有人說哪些基金好，就去看看收益和淨值，覺得差不多就買入。

如果基金在買進後上漲，他當然開心，於是很快賣掉基金獲得收益。如果跌了，他就跟著網友一起發牢騷，過幾天就忍不住把基金賣掉。試著分析他的投資邏輯，會發現他並不關心基金本身的投資風格和投向。

很多人買基金和Z叔一樣，**雖然買的是基金，但是投資的心態和跟風炒短線股票差不多，追漲殺跌，自然很難從基金中賺錢**。又因為沒有正確的持有預期，很容易頻繁買進賣出，往往踏錯時點。稍微下跌就忍不住賣掉，然後又容易買在下一個高點。

想解決這個問題，在開始投資前，就要調整自己的投資心態。從投資的角度來說，每個人心裡的底線都不一樣，手裡的錢可用於投資的期限也不一樣，千萬別拿隨時需要用的錢來買股票型基金，因為市場經常波動，容易讓我們陷入被動。我們該如何支配不同緊急程度的資金呢？假設你現在有一萬元想投資基金：

- 如果這筆錢下個月就會用到，流動性好、風險低的貨幣基金是個好選擇。
- 如果幾個月、甚至一年後才會用這筆錢，則可考慮投資債券基金，或其他固定收益類產品。

- 如果你三年、五年，甚至更長時間都不會用到這筆錢，也願意承擔股票市場的高波動風險，就可以考慮股票型或混合型基金。

除了時間上的考量，還應該看基金背後的各種原料搭配是否合理，以及背後掌廚的廚師，是不是符合你的要求。我一直強調：**無論是投資基金，還是做其他投資，都要先瞭解自己的需求，再來安排投資計劃。**尤其在投資高風險的產品之前，多問問自己是否已經準備好面對高風險，是否做好長期投資的準備？

申購管道和費用都多種多樣，仔細比較才不吃虧

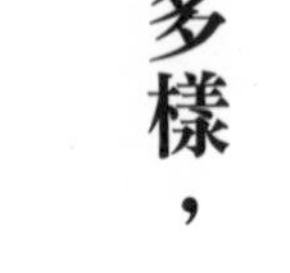

買基金還有一點容易被忽略，卻經常影響收益，那就是買基金的手續費用。你去實體店買衣服，購買前可能會在網路上比較價格。但買基金時，很多人可能直接就出手，反而不會在意是在哪裡看到的。

其實買基金和買衣服一樣，雖然本質上都是基金公司推出的產品，但是從不同的管道購買基金，對應的費用可能相差極大。最常見的購買管道有三類：銀行代銷、基金公司、第三方基金代銷平台。

銀行代銷

在銀行買基金就像在實體店買衣服，方便、適合不熟悉網路的人群，但缺點也

特別明顯，銀行很少在基金的申贖費用上打折，往往按標價收取申購費。貨幣基金沒有申購費，而債券基金申購費率在〇・六%至〇・八%，股票型基金則在一%至一・五%。簡單來說，基金的波動性越大，申購費越高。

基金公司

向基金公司購買，比較像在工廠或直營店買衣服，好處是通常會打折。如果對某支基金不滿意，想換另一支，轉換時可以不用重複繳交申購費，只需補齊申購費差價。不過缺點是不能買別的品牌的產品，選擇比較少。

第三方基金代銷平台

一般來說，我們推薦買基金首選，是使用第三方基金代銷平台。它的手續費最低打九折，品種也更齊全。天天基金、螞蟻聚寶、好買基金等，都是中國比較知名的第三方基金代銷平台。

圖 5-5　買賣基金的常見費用

費用名稱	費率	收取方式	特點
申購／認購費	貨幣基金：0% 債券基金：0.6%-0.8% 股票型基金：1%-1.5%	根據買入金額，按比例收取。	波動性越大，費率越高。
銷售服務費	一般在0.25%-0.5%	根據基金總資產計算，在公布淨值時已經扣除。	收取銷售服務費的基金（如貨幣／C類債券），通常不收取申購／贖回費。
管理費	由基金管理團隊收取。不同基金，收取的管理費用不同。	根據基金總資產計算，在公布淨值時已經扣除。	
託管費	每年在0.1%-0.2%	根據基金總資產計算，在公布淨值時已經扣除。	
贖回費	0.5%左右	根據賣出基金數量，按比例收取。	持有時間越長，費率越低。

圖 5-6　賣出費率

持有期限	費率
0天≦持有天數＜365天	0.50%
365天≦持有天數＜730天	0.30%
持有天數≧730天	0

一般來說，銷售管道會打折的，是基金的認購或申購費用。

此外，不同的基金還會收取贖回費、管理費等費用，你可以注意買賣基金的常見費用列表（見圖5-5），為投資做好心理準備。

你也可以向中國證券業監督管理委員會，查詢公開的《公募基金銷售機構名錄》，能查詢有保障的基金銷售平台。

一般來說，持有基金的時間越長，贖回費用越低。圖5-6是我分析一支混合基金的贖回費率。隨著持有時間增加，贖回費率越來越低，持有兩年以上可以免費贖回。如果你在投資基金時頻繁地買賣，等於無形中不斷地把錢丟入基金。

上面提到的所有費用，都可以在購買時查詢詳情瞭解，資訊都是公開透明的。各種第三方平台會列明自己的申購費率，以及其他費率。**可別小瞧費率的影響，計算下來積少成多，對收益也會有不小的影響。**

我們已經瞭解什麼是基金、產品背後的不同投向和特點、投資基金的正確心態，以及買賣基金的費用，接下來介紹更具體的基金投資方法。

巴菲特推薦指數基金投資法，跑贏主動型基金

很多人剛開始投資基金時，會優先選擇熱門的項目，或聽別人的推薦跟風，其實不知道自己選中的基金，背後的投資標的到底是什麼，不論虧或賺都心驚膽跳。有時因為自己偷懶，或沒有及時關注基金公告，可能連基金經理人換了也不清楚，等反應過來時已經虧損不少。

這樣想會覺得買基金實在太累，有沒有可以一邊偷懶，一邊輕鬆把錢賺到手的基金？有！指數型基金可以讓我們在投資上偷點小懶，就連股神巴菲特也一直告訴那些向他尋求投資建議的人，最好去投資低成本的「標準普爾500指數基金」。

二〇〇八年，巴菲特與人打賭：如果專業投資人至少選擇五支對沖基金，在很長的一段時間內，這個組合會落後於標準普爾500指數基金。賭注期限是十年，巴菲

特點名，使用一支由美國先鋒集團發行、低成本的標準普爾500指數基金。

有一名專業投資人接受與巴菲特打賭，結果這個投資人在二〇一五年提前認輸。於是巴菲特在二〇一六年寫給股東的信裡，揭露這九年間兩者的業績表現（見圖5-7）。

我們可以看出，從二〇〇八年到二〇一六年，五支基金的累計收益，遠比不上投資一支標準普爾500指數基金的累計收益。

其實這個結果並不代表基金經理人不努力，而是**在美國這樣相較成熟的市場，主動型基金受到費率、市場變化的影響，往往難以持續跑贏市場指數**。這也是為什麼我說，投資指數型基金是個可以偷懶的選擇。

股票交易市場裡有成百上千支股票，若想知道整個市場的變化，或某個行業的股票漲跌情況，一定要每次查詢所有相關股票的價格嗎？

於是聰明的投資者想出一個辦法，為了集中反映某一類股票的整體表現情況，決定從這一類股票中，選出一些具有代表性的股票，用一定的方法把它們的價格加總成一個總指數（見圖5-8）。

圖 5-7　股神巴菲特推薦的指數型基金

	A	B	C	D	E	S&P500指數基金※
2008	-16.5%	-22.3%	-21.3%	-29.3%	-30.1%	-37.0%
2009	11.3%	14.5%	21.4%	16.5%	16.8%	26.6%
2010	5.9%	6.8%	13.3%	4.9%	11.9%	15.1%
2011	-6.3%	-1.3%	5.9%	-6.3%	-2.8%	2.1%
2012	3.4%	9.6%	5.7%	6.2%	9.1%	16.0%
2013	10.5%	15.2%	8.8%	14.2%	14.4%	32.3%
2014	4.7%	4.0%	18.9%	0.7%	-2.1%	13.6%
2015	1.6%	2.5%	5.4%	1.4%	-5.0%	1.4%
2016	-2.9%	1.7%	-1.4%	2.5%	4.4%	11.9%
平均	8.7%	28.3%	62.8%	2.9%	7.5%	85.4%

※標準普爾500指數基金

圖 5-8 指數的編制

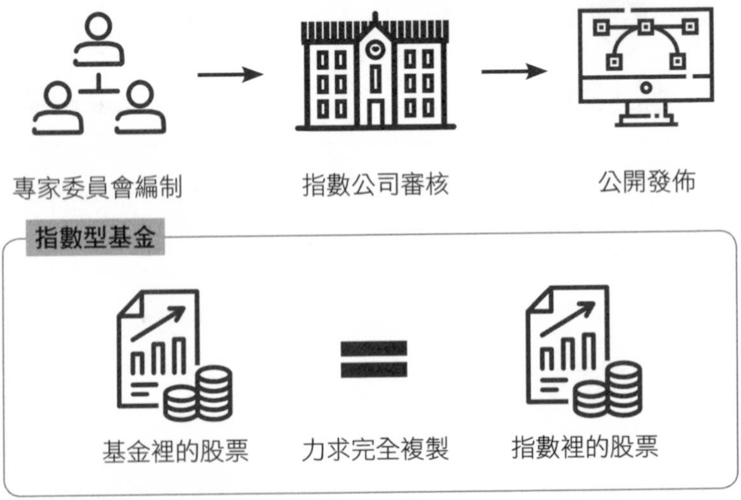

總指數每天的變化，可以反映這一類股票的走勢。如果把基金不同投向看作選擇不同的料理，那麼每個標準的指數就像一張食譜，會標註料理中有哪些食材（哪些股票），並且會嚴格註明每種食材的占比。

這些比例（食譜）往往由專家委員會編制，經過指數公司審核，然後變成正式的指數。

如同我們做菜時，看食譜可以快速入門，指數也可以讓你快速掌握對應投資市場的大行情。指數型基金就像看著標準食譜做菜，力求

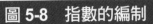

將基金裡的股票構成，複製得和指數一模一樣。

市場上可以看到很多指數，可以反映整個市場或是具體行業。既然有各式各樣的種類，我們是否要盡量瞭解多一些指數，以便選擇其中走勢最好的呢？其實，一般投資者，只要熟悉國內外四到五個反映市場走向的大指數即可。

你可以從圖5-9瞭解這幾個主流的市場指數：A股市場裡最出名的是滬深300指數，是A股市場的代表。大的市場指數往往容易判斷趨勢，如巴菲特選擇的標準普爾500指數，只要美國經濟長期來看仍然上漲，我們就能從追蹤這個指數的基金獲得收益。巴菲特的賭局，其實是在實驗美國指數型基金的投資。

但美國的金融市場相對之下成熟許多，不少人可能會有疑問，這個結論在中國也適用嗎？

一般來說，目前的中國市場散戶比較多，市場波動較大，基金經理人還是有不少機會可以跑贏市場指數，也就是說，可以賺取超過市場平均水準的收益。

不過，中國市場逐漸發展成熟。如果你希望以較少的精力換取長期回報，即便是在現階段，指數型基金也不失為一個好選擇。曾經有人用深成指數，也就是追蹤

圖 5-9　主流市場指數

指數	構成	代表
滬深300指數	按照一系列篩選標準，從上海證券交易所和深圳證券交易所中，挑選出最具代表的300家標竿企業。	A股市場代表
上證50指數	由上海證券市場上規模大、流動性好、最具代表性的50支股票組成。	上證大盤龍頭股代表
深成指數	深最證券交易所上市、具有市場代表性的40家上市公司的股票。	深市大盤股代表
中證500指數	扣除滬深300指數內的成分股後，對剩餘股票按照一定標準剔除排序，選取符合要求的500支股票組成的指數。	A股中小企業代表
恆生指數	由香港交易所所有上市公司中，市值權重較大的50支股票構成。	港股大盤藍籌股代表
標準普爾500指數	由美國主要交易所中選出最具代表性的500支股票組成。	美國股市代表
納斯達克100指數	納斯達克上市的公司中，規模較大的100家非金融性企業，以高科技成長股為主。	美國高科技小盤股

圖 5-10 1993-2015年深成指數

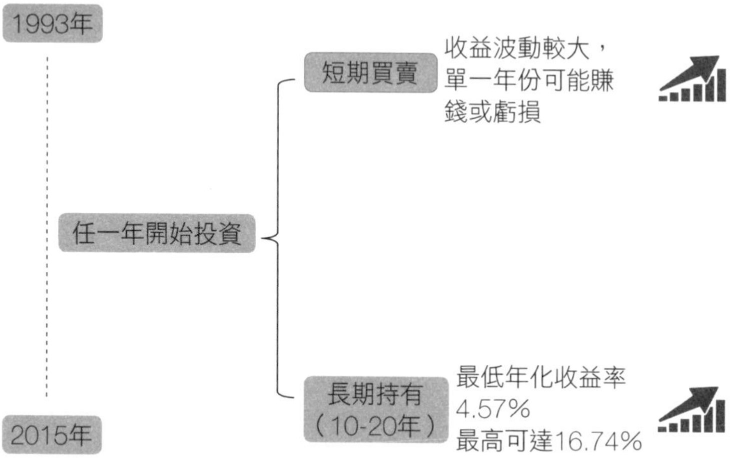

A股深圳市場部分主要股票的指數為例，做出以下統計（見圖5-10）。

如果你在一九九三年到二○一五年之間，任意一年開始投資並持有跟隨深成指數的基金，儘管當年的收益可能差別非常大，可能第一年賺了三○%、第二年賠了三○%。

但若如果能持續持有十年、十五年，甚至二十年，長期來看絕對不會賠錢。

而且在持有期間，你的最低年化收益率也有四・五七%，持有十年最高可達一六・七一%。只要不是在牛市後期買入，任何時候買的長期年化收益率都不錯。

不過，投資指數型基金不一定如巴菲特所說，只能買一支長期持有。**我們仍然可以搭配不同類別的指數型基金，找出能獲得更多市場回報，並且風險能對沖的投資組合**。當然，主動型基金中也有不錯的選擇，但是選擇的邏輯更為複雜和多樣，不妨先從被動型的指數型基金開始投資。

如何評估及選擇指數基金？把握2項標準就沒問題

儘管指數型基金是個偷懶的投資方法，我們也不能閉著眼睛投資。如何選擇適合自己的指數型基金？提供以下兩個標準：

❖尋找價格合理的指數

既然指數是由一籃子股票的價格算出來的，自然會上下波動，有時貴有時便宜。人們都想低買高賣，如何判斷我們要買的指數，目前的價格是否合理呢？

我想介紹一個特別簡單的方法，這來自巴菲特非常推崇的投資大師，也是他的老師班傑明・葛拉漢（Benjamin Graham）。葛拉漢認為買入股票的時點，應該是在股票盈利收益率，將達到最高評級債券利率的兩倍。反過來說，股票盈利收益率下跌到接近債券的利率，就是賣出的時候。

簡單來說，是拿股票的盈利收益率，和相對安全的債券收益率做比較，因為如果長期債券收益率相近、更加安全，我們何必繼續持有股票呢？不如持有安全的債券。這個方法聽起來有點複雜，你也可以換成另一種較好理解的說法：**選擇比國債收益高出兩倍的基金**。

比較股票指數的盈利收益率，和中國十年期國債的兩倍收益率，如果指數的盈利收益率較大，則買入，反之則考慮賣出，這兩個數據都可以在網路上查到。

要解釋盈利收益率，首先要提到市盈率（又稱作本益比）（見圖5-11）。市盈率等於股價除以年度每股盈餘。也就是說，如果按照現在的盈利水準，需要多少年才能回本。

盈利收益率是市盈率的倒數（1/10＝0.1），代表投入十萬元，過去一年賺到一萬元，收益率一〇％，和任何其他投資一樣計算出的回報率。

我們可以從股票軟體或指數公司官網查詢市盈率，十年期國債的收益率可以直

圖 5-11　市盈率

市盈率 ＝ 股價 ÷ 年度每股盈餘

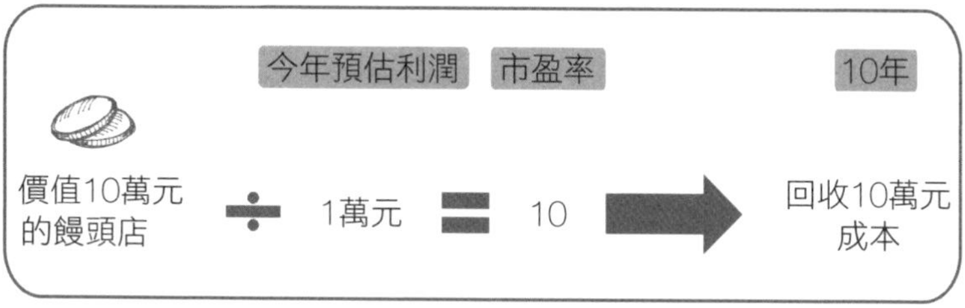

股票的實際情況會更複雜，比如分紅並不會把每年的所有利潤都分給投資人。

接在華爾街見聞上看到即時數據。國債收益率也很容易從網路上查詢，十年期國債收益率在二〇一七年四月十一日，是三・三三六%，也就是〇・〇三三三六。

以中證紅利和中證500兩個指數為例（僅供參考，不作為投資建議）：

- 中證紅利：四月十一日的市盈率是一〇・五〇，盈利收益率約等於〇・九五。
- 中證500：四月十一日的市盈率是三九・二九，盈利收益

圖 5-12 緊跟指數的基金

基金季報、年報

本報告期內，本基金日均追蹤誤差為0.03%，年度化似和偏離度為0.48%，符合基金合約約定的日均追蹤誤差，不超過0.3%的限制。

第三方基金平台

指數型基金指標

追蹤指數	追蹤誤差	同類平均追蹤誤差
滬深300指數	0.05%	0.12%

※截至2017年2月28日

率約等於〇・〇二五四。

我們以中證紅利的盈利收益率，除以中證500的盈利收益率（0.95÷0.0254），結果大於二，則表示現在中證紅利是一支被低估的指數，可以買入。

但是，如果以中證500的盈利收益率，除以十年期國債收益率（0.0254÷0.0333），結果小於一，則表示中證500目前被高估，不適合投資。

尋找價格合理的指數，還有另一種方法：**在指數被低估時買入，**

在指數被高估時賣出。低買高賣的原理非常容易理解，指數型基金也可以這樣投資：對比歷史情況，買入相對便宜的指數型基金，賣出相對漲得過高的指數型基金。

❖選擇緊跟指數的基金

選出被低估的指數後，會發現對應的指數型基金可能很多，**這時要提到購買指數型基金的第二個標準：檢視它與跟隨的指數夠不夠緊密。**傳統的指數型基金是對著標準食譜做菜，力求複製得一模一樣。評價指數型基金標準最簡單的方法，是比較和食譜到底有多像。

要確認指數型基金的追蹤誤差，可以查詢基金的季報和年報，找到相關數據。第三方基金平台有時候也會單獨顯示這個指標，只要對比一下，就很容易看出（見圖5-12）。

用定投買入指數基金，用3個原則判斷賣出時機

對一般人來說，指數型基金最合適定期投資，因為大多數人都依靠薪資收入，而且從每個月的收入中拿出一部分投資，不僅壓力比較小，也可以強制儲蓄。定期投資還可以幫助我們分散風險、攤平成本。

這就好比去買香蕉，貴的時候可能一斤六元，便宜的時候一斤三元。每次拿九元去買香蕉，有時候能買一斤半，有時候能買三斤，於是兩次的成本平均下來是一斤四元。

投資指數型基金畢竟也是投資股票，風險比較高。如果用這種方式，自然會在便宜的時候多買一點，在貴的時候少買一點，可以有效地攤平成本。當然，定期投資的效果更好。

圖 5-13　判斷賣出三原則

在指數價格合理時買入指數型基金，那麼什麼時候可以賣出、落袋為安呢？很多人追求快速低買高賣，但是**巴菲特有一句名言：「如果你沒有把握能夠持有十年，就連十分鐘都不必考慮持有。」**

對於普通人來說，最難的不是購買基金，而是長期持有。人們總會懷疑：長期到底什麼時候才是盡頭呢？其實有三個原則可以幫助你判斷（見圖5-13）。以下三個原則也非常適合使用在其他投資產品。

賣出原則一：基本面惡化。舉例來說，以前你每天都在樓下便利商店買包子，忽然有一天發現商店換了老闆，環境衛生變得非常差，便無法繼續在便利商店買包子。

一般來說，反映整個或局部市場的指數型基金，其績效往往和國家整體經濟或相關局部經濟狀況息息相關。如果一個國家經濟良好、不斷增長，對應市場的指數出現惡化的可能性較低。相對地，經常發生戰爭的國家，它們的指數型基金基本面容易惡化，長期表現不佳。

賣出原則二：有更好的選擇。如果有更好的機會，應該讓錢發揮更大的價值。不過總體來說，可以選擇指數型基金定投，把長期用不到的錢拿來做長期投資，為未來的資金需求做準備。

賣出原則三：指數價格太高。這種情況最常見，是指數價格太高，暫時不適合繼續投資。這時可以考慮賣出基金，先做其他投資，然後繼續觀察，等到估值低的時候再入場。

本節主要介紹指數、指數型基金，以及其基本投資邏輯。各位不妨馬上拿出一小筆錢，去尋找一支你認為值得投資的指數型基金，實踐一下這個投資方法。

專欄

台灣的ＥＴＦ及指數型基金產品

美國先鋒集團創辦人約翰．伯格（John Bogle），於一九七五年創立全球首檔給大眾投資人的指數型基金：先鋒500指數基金，至今為全世界最大的共同基金，此後出現指數化投資兩大潮流：指數型基金（Index Fund）及指數股票型基金（Exchange Traded Fund，簡稱ＥＴＦ）。

指數型基金及ＥＴＦ的概念相當相似，投資者容易混淆。實際上，**指數型基金並沒有真正的基金經理人在操作，主要是依賴與指數公司購買的數據，透過電腦運算做調整，是俗稱的被動型投資**。正因如此，手續費及管理費都相對低廉。

此外，因為整體績效走勢大致上與指數同步，投資人也不需研究個股，只要判斷指數漲跌趨勢即可，是相當不費力的投資工具。

常聽到ＥＴＦ，正式名稱是「指數股票型基金」，可以將這個名稱拆成三部分，首先是「指數」，ＥＴＦ被設計成被動追蹤某一指數的表現，是一項指數化投資的商品。

其次是「股票型」，ETF透過獨特交易架構的設計，使它可以像一般股票在集中市場掛牌交易。

最後是「基金」，**ETF在國內是採取類似共同基金的模式，由投信公司管理，並發行受益憑證表示持有的資產。**

總而言之，ETF是被動追蹤某一指數表現的共同基金，其投資組合盡可能的完全比照指數的成分股組成，並且在集中市場掛牌，如同一般股票交易買賣。因為ETF同時具備指數追蹤和股票的特色，以下用圖表分別比較ETF、指數型基金和股票。

簡單來說，好比你聽說某間餐廳很有名、評價不錯，但沒有時間研讀評論，於是直接跟服務生說：「我要這間餐廳最多人點、反應也最好的套餐。」也許這道料理並不是你最喜歡的口味，但能降低踩到地雷的風險。

	ETF	指數型基金
交易管道	證券	投信／銀行／證券
帳戶	證券集保戶	投信戶／銀行信託戶
交易方式	交易所交易	銷售機構申購／贖回
定期定額	無	有

※資料來源：永豐金證券理財學堂

項目	股票	ETF
交易時間	每週一至週五 早上9:00～下午1:30	
買賣方式	可透過任何合法證券商下單買賣	
交易稅	千分之三	千分之一
信用交易	上市六個月後	一上市即可
零股交易	申報時間改為下午1:40至2:30，於下午2:30集合競價，申報價格及漲跌幅與當日普通交易相同	
升降單位	新台幣50元以下為0.05，新台幣50元以上為0.10	新台幣50元以下為0.01，新台幣50元以上為0.05
手續費	千分之1.425以內（由券商自訂）	
除權	有	無
除息	有	

※資料來源：日盛證券理財學園

指數化產品的種類，可以依照投資取向和產品類別區分，投資取向中還可以依照地區、投資風格、資產類別、產業等分類。產品類別中可以再分為股票類、固定收益類、商品類、貨幣類、現金類等。

根據Morningstar（晨星）二〇一九年的統計資料，台灣近五年累計總報酬第一名的ETF是元大上證50，漲幅七三・七二%、第二名是富邦台灣科技指數基金，漲幅七〇・七三%，第三名則是復華滬深300A股基金，漲幅五六・八九%。

台灣三年累計總報酬第一名的ETF，是富邦NASDAQ-100，漲幅六〇・七一%、第二名元大台灣金融ETF，漲幅五〇・七二%，第三名元富邦台灣金融指數ETF，漲幅四九・四四%。

投資ETF推薦的方法是長期投資定期定額，只要買到平均額，則不用理會是買在高點或低點。各位讀者可以依照自己個人的需求，挑選適合的產品，以每月小額的資金投資，賺取自己的一八%。

編輯部根據台灣情況整理

當全球經濟動盪，投資黃金比較保值又避險

二〇一七年初，媒體公佈二〇一六年最賺錢的十五支基金，其中就有五支是以黃金為主要投資對象的基金，平均收益率達到一八%。而且，二〇一七年第一季度，表現最好的黃金基金上漲六・六六%，收益非常不錯。

可是，如果詢問二〇一三年因為炒黃金紅遍全世界的中國大媽，她可能會告訴你：「千萬別碰黃金，我到現在還虧著呢！」

黃金到底怎樣投資才能賺錢？如果想透過黃金賺錢，該在金飾店買金條嗎？還是在銀行買黃金存摺？

❖黃金真的能保值嗎？

很多人提到黃金會想到能夠保值，也許和它曾經擔任過貨幣的職能有關。兩千多年前，戰國時期的楚國、古羅馬帝國，不約而同地選擇以黃金作為貨幣。可是自一九七一年美元和黃金脫鉤後，現在世界上已經沒有國家採用金本位。

這意味著：若從歷史數據來看，黃金的保值屬性經不起檢驗。從一八〇一年至今的兩百多年中，如果你投資一塊錢黃金，兩百多年後僅僅變成一塊四。也就是說，隨著金價的上下波動，投資黃金兩百多年的實際年收益率近乎為零。

黃金近十年的走勢有漲有跌，而且漲幅無法跑贏通貨膨脹。二〇一二年黃金一路下跌，不少人認為抄底的時刻已經到來，於是在二〇一三年以大約每克三百二十元的價格買入大量黃金，但現在黃金價格是兩百八十多元，仍然沒能解套。

❖黃金是世界所有資產的避風港

圖 5-14 影響金價漲跌的因素

	短期基本分析因素	長期基本分析因素
供給	勞工糾紛回收情況。 生產國外匯情況中央銀行買賣行為。	儲存成本、新開採技術、新礦藏的發現。 預期生產成本和利潤、政府扶持政策。
需求	代用金屬的價格 政治事件和局勢 外匯匯率 國家儲備需求 預期價格水準 利率水準	工業用金消費趨勢 電子及化工業情況 珠寶業情況 政府鑄幣用金 收入水平 年齡分佈 社會習慣 通貨膨脹走勢

為什麼過去兩百多年都沒能讓人賺錢的黃金，在二〇一六年卻成為受人追捧的投資品？其實，與其說黃金是用來保值，不如說它是投資的避風港。

我將影響黃金價格變化的主要因素，整理在圖5-14中，影響因素非常多，但不需要全部弄明白，也不用在資產中配置大量黃金，因為它並不會產生收益，而是更著重於避險需求，建議不要超過五％。

投資黃金時只須記住：影響金價漲跌的核心，在於「極端的避險情緒」。那麼，什麼狀況會出現這樣的情緒？

- 世界上主要的經濟體，包括美國、歐洲、中國，經濟都不太景氣的時候。
- 可能出現大規模戰爭的時候。

如果你覺得經濟走勢有很大的不確定性，不知道未來會怎麼發展，而且有點悲觀，可以適當增加黃金的配置。二〇一六年曾出現過幾次類似的時間點，如英國脫歐、川普就任美國總統時，黃金就曾暴漲過。

黃金的價格波動非常劇烈，事件過後也會明顯下跌，這也是為什麼很多人在二〇一六年買黃金，最終卻虧損的原因。他們往往在漲到高點時跟風買入，結果正好遇到價格回落。

未來是否值得繼續關注黃金？實際上，目前全球經濟環境仍有很大的不確定性，所以我推薦使用黃金定投的方式，並設置止盈線，比方賺了二〇％就及時賣出，落袋為安。

投資黃金有3種管道：實體、ETF和存摺

具體來說，應該怎麼投資黃金呢？以下介紹三種黃金的投資渠道，包括實體黃金、黃金ETF，和銀行黃金存摺。

❖購買實體黃金

在很多人的觀念裡，投資黃金等於購買實體黃金。如果僅考慮投資價值，實體黃金不是明智的投資方式。一些朋友甚至認為買金飾也是在做黃金投資，更是錯誤的選擇。

第一，金飾的掛牌價一般都包含加工費，每克的價格普遍會比黃金交易所的現

貨黃金的價格，高出人民幣五十至七十元。

第二，即使正常佩戴金飾也會有損耗。今天買一千克的金飾，三年後可能只剩九百九十克，造成成本損失。

第三，並不是所有金店都提供回購服務。既然是投資，有買入肯定也有賣出，才能保值獲利，但絕大部分金飾店只支持換購金飾，並不接受回購，可能還需要加手續費。所以去金店買金飾，戴戴開心就好，以投資來說各項成本太高，一點也不划算。

實體黃金的另一種形式是金條。除了金飾店，銀行也賣實體黃金。只不過銀行販售實體黃金一般是金條，電影中看到的「大黃魚」、「小黃魚」，指的就是它。目前，銀行買賣的實體黃金一般有二十克、五十克、一百克、五百克等多種規格，不過因為最少為二十克，所以投資門檻比一般金飾高。

價格方面由於沒有加工費和其他附加費用，所以比金飾店的報價便宜很多，一般在黃金交易所當日基準價上加人民幣十元。銀行回購時和金飾店類似，也會評估實體黃金的損耗狀況。

圖 5-15　三類黃金產品的比較

類別	交易渠道	優勢	劣勢
銀行黃金存摺	銀行櫃檯／銀行網銀貴金屬投資頁面	投資門檻低、交易時間靈活、流動性好。	成本偏高
黃金交易所現貨Au99.99合約	上海黃金交易所APP／部分銀行或券商APP	交易成本低、支援T＋0和雙向交易。	有賣不出去的風險
黃金基金	場內：股票帳戶購買 場外：銀行／基金公司／第三方代銷平台	起始申購金額低、申購方便。	場外申購無法立即完成交易

此外，回購價格一般以黃金交易所當日公佈的基準價，再下降三元為標準。因為是實體黃金，如果買得太多，肯定需要買保險箱，或租用銀行的保險櫃，於是又增加持有黃金的成本。

從投資的角度來看，實體黃金的整體交易成本還是很高。除非社會真的發生大動盪，否則對於普通人來說，黃金並不合適作為投資。

對普通投資者來說，如果想投資黃金，最好還是選擇銀行黃金存摺、黃金交易所現貨Au99.99合約或黃金基金，我以圖5-15分析它們的優勢和劣勢。

❖普通人的入門首選：黃金ETF基金

買基金是把錢交給專業人士打理，選擇購買黃金基金，相當於把錢交給基金經理人購買黃金交易所的黃金現貨合約。

黃金基金分為場內、場外兩種，如果你有股票帳戶，可以直接使用股票帳戶購買場內黃金ETF。或是可以從基金的管道購買，包括銀行、基金公司和第三方代銷平台。

黃金基金的特點是起始申購金額較低，程序也比較方便，幾個大型的基金申購平台上都可以購買。目前華安、博時、易方達、國泰等中國的基金公司，都推出類似的黃金基金產品，就收益表現來看相差無幾。你可以試著在第三方基金平台搜尋「黃金」，尋找一支黃金指數型基金，瞭解詳情內容。

前面多次提到黃金交易所，全名為上海黃金交易所，是目前中國境內唯一合法的官方貴金屬現貨交易中心。黃金現貨根據成色的不同細分為四種。

不過對於普通投資者來說，一般看Au99.99合約就可以了，因為這是四種黃金現貨中交易量最大、流動性最好的品項，也支持T＋0和雙向交易。交易費用每筆僅〇・〇八％，就交易成本而言，金交所的黃金現貨合約是最低的。

黃金交易所不提供客戶直接開戶的服務，不過絕大部分銀行都有代理開戶的業務，國泰君安、申萬等大券商一般也可代理開戶，具體的名錄可以至黃金交易所的網站查詢。

黃金期貨更像股票，儘管交易成本低，但確實存在缺乏接盤的人而賣不出去的風險。另外，它的投資門檻也比黃金存摺更高，十克起投，以目前的價格是人民幣兩千八百多元。網路上很多人號稱有老師可以指導黃金期貨交易，但大多都是騙局，千萬別藉由這些方式投資黃金。

❖其他選擇：銀行黃金存摺

黃金存摺有三大核心優勢：

- 投資門檻低，一克起投，人民幣兩、三百元就能參與。
- 交易時間長，週一早上七點至週六凌晨四點都能連續交易。
- 流動性好，不用擔心賣不掉。黃金存摺像是每家銀行自己開的盤，銀行永遠是我們的交易對手，不用擔心出現賣不掉的情況。

購買方式很簡單，只要按銀行掛牌的即時金價臨櫃買賣，或者直接透過網銀裡「個人帳戶貴金屬業務」頁面交易。不過，銀行黃金存摺產品最大的問題，是交易成本依然偏高。以某銀行為例，買入價和賣出價相差〇・二五%，如果行情沒變化，一買一賣之間會虧損〇・二五%。黃金屬於實物類投資，本身風險也不低，選擇時應根據自己的風險承受能力選擇產品。

NOTE　　　　/　　/　　/

要量力而行，你要發現你生活和投資的優勢所在。每當偶爾的機會降臨，你的優勢有充分把握，就要全力以赴，孤注一擲。

——華倫・巴菲特（Warren Buffett）

第6章

活用5張表，理財投資更有效率

5種表格，讓你理財兼顧獲利與保障

順利展開投資理財之旅後，我想再送各位幾個好幫手：五份投資理財表單，分別是：風險表單、投資表單、資產表單、保險表單和安全表單（見圖6-1）。

表單的啟發來自我的朋友阿木，他購買任何大型物品後，習慣保留保證書和說明書，並且統一收納。每次買新的家具或大型家電之前，還會思考是不是要淘汰什麼。最初聽到這件事的印象是：「這多麻煩，是強迫症吧！」直到某年冬天家中熱水器壞掉，我因為找不到保證書而多付一筆維修費，再加上記不起型號，平白浪費很多時間。我忽然理解：阿木看起來多此一舉的習慣，才是真正的省時省力。

投資也是如此，**這五份投資理財表單，不僅能讓你的投資紀錄井井有條、更有效率，還可以減少浪費時間和金錢。**

圖 6-1　五份投資理財表單

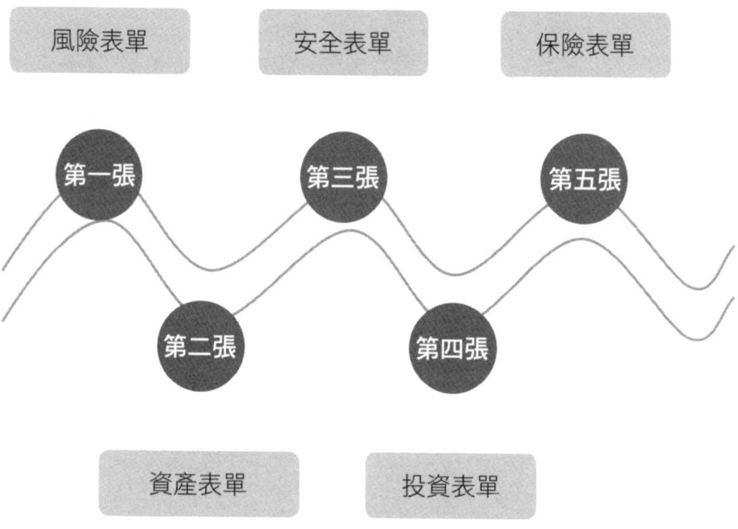

【風險表單】評估承受風險的能力

各位可以參考左頁的風險測評書，評估自己的風險承受能力，得到的結果就是屬於你的風險表單（見圖6-2）。

這份表單有助於瞭解自己主觀和客觀的風險承受能力，也會直接影響投資產品的選擇和搭配。若想取得電子版風險表格，請上「簡七讀財」微信公眾號jane7ducai下載。

以下風險表格為試算範例，投資組合是根據「客觀風險承受能力」及「主觀風險承受態度」計算得出。

圖 6-2　風險表單

一、客觀風險承受能力					
Part1： 年齡：25歲以下為50分，每多1歲減1分，75歲以上為0分。					
年齡：35			得分：40		
Part2：					
分數	**10**	**8**	**6**	**4**	**2**
就業狀況	公職人員	受薪階層	佣金 收入者	自營 事業者	失業者
家庭負擔	未婚	雙薪 無子女	雙薪 有子女	單薪 有子女	單薪 養三代
置產狀況	投資 不動產	有自用住 宅無房貸	房貸 <50%	房貸 >50%	無自用 住宅
投資經驗	10年以上	6-10年	2-5年	1年以	無
投資知識	有專業 執照	財經專業	自修 有心得	略懂	一片空白
<20　低風險承受能力 **20-39　中低風險承受能力** **40-59　中等風險承受能力** **60-79　中高風險承受能力** **>80　高風險承受能力**					
得分：34			總得分：74		
屬於類型：中高風險承受能力					

二、主觀風險承受態度	
Part1: 對本金損失的容忍程度：可承受虧損的百分比（以一年的時間為基準）。總分50分，不能容忍任何損失為0分，每增加1個百分點增加2分，可容忍25%以上損失的為滿分50分。	
容忍程度：20	得分：40
Part2:	

分數	10	8	6	4	2
首要考慮因素	賺取短期差價	長期得利	年現金收益	對抗通膨保值	保本保息
過去投資績效	只賺不賠	賺多賠少	損益兩平	賺少賠多	只賠不賺
賠錢心理狀態	學習經驗	照常生活	影響情緒小	影響情緒大	難以入眠
當前主要投資	期貨	股票	房地產	債券	存款
未來希望避免的投資工具	無	期貨	股票	房地產	債券

<20 低風險承受態度 **20-39 中低風險承受態度** **40-59 中等風險承受態度** **60-79 中高風險承受態度** **>80 高風險承受態度**	
得分：42	總得分：82
屬於類型: 高風險承受態度	

三、投資組合推薦	
適合的投資組合	
貨幣	0.00%
債券	20.00%
股票	80.00%
預期報酬率	7.15%
標準差	18.67%

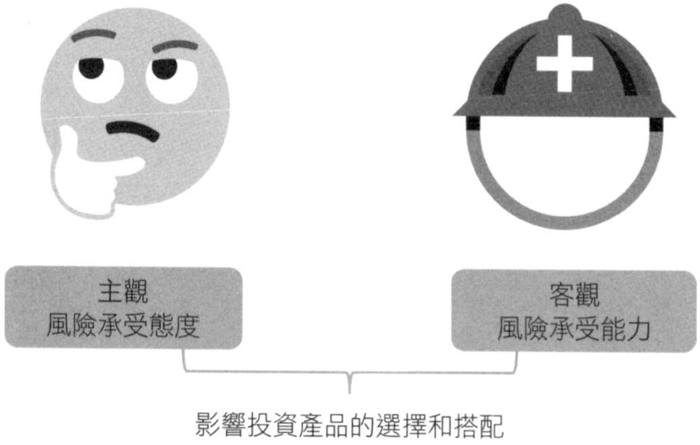

【投資表單】釐清投資邏輯並檢查缺漏

很多人即使學習投資理財，在真正實際操作時，還是會有些擔心害怕。接下來，想先送給各位一份投資表單（見圖6-3），幫助你在投資前檢查缺漏、釐清投資順序（見圖6-4）。

❖投資需求

先來看這份表格最重要的第一部分，也就是在投資前先瞭解自己的需求。**投資就像找另一半，沒有絕對完美的對象，只有合適的對象。**所以出發點並不是產品本身，而是自己的需求。這部分內容包括：投資金額、佔總資產的比例、這筆金額能

圖 6-3 投資表單

<table>
<tr>
<td rowspan="1">投資需求</td>
<td>1. 投資金額
投入金額 ______ 元，佔總資產 ______%
2. 占用時間
預計在 ______（時間）之後需要拿回 ______（元）
3. 投資目標
預期收益：______%
可承受最大虧損：______</td>
<td>產品分析</td>
<td>1. 投資方向
該產品背後的具體投資品是？比例分別是？
2. 發行人／交易平台
該產品的發行人是誰？有哪些參與者？
3. 投資期限
□固定投資期限，投資期限為 ______ 至 ______。
□非固定收益類投資，計畫投資多久？
4. 投資收益
預期收益率為 ______%
5. 投資風險
投資曾經發生的最大虧損是 ______%，對我而言是高／中／低風險。
6. 投資費用
我需要付出 ______ 元交易費，具體包括 ______。
7. 交易限制
該產品的購買限制或交易限制？（時間／金額／政策）</td>
</tr>
<tr>
<td colspan="4">行動備註</td>
</tr>
<tr>
<td colspan="4">1. ______（時間）後賣出
2. 在獲利 ______%後賣出
3. 在虧損 ______%後賣出
4. 在 ______（變化）後賣出</td>
</tr>
</table>

圖 6-4 投資順序

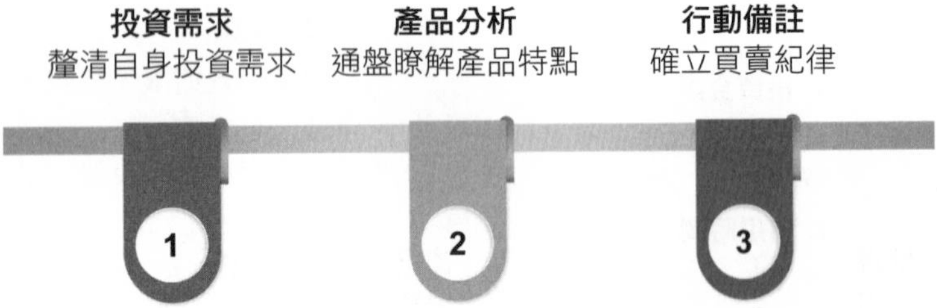

佔用的時間長短、預期收益等。

投資前確實填寫需求，有助於檢查這筆投資是否合適。

舉例來說：二〇一五年股票牛市時，不少人急急忙忙衝進股市。於是我的朋友小C明明不太會玩股票，仍買了一支股票基金，結果現在還套著。

但他原本打算在兩年後換車，如果能提前回答表單的第三和第四個問題，就會發現股票基金大多適合五年以上的投資，而且在牛市入場並不是好選擇。

相反地，若一位媽媽，只保守

地用貨幣基金幫孩子存長期教育金，就有點浪費了。**因為在長期投資的前提下，其實可以選擇收益更好的基金。**

❖產品分析

現在理財產品越來越多，容易讓人迷失方向。回答產品分析的七個問題，有助於確立更明確的投資方向。這七個問題涉及產品的每個面向，從期限到收益、風險，以及費用、門檻等。別小看每個問題的重要性，像是產品分析中的第六個問題：費用，相當容易被忽略，若投資基金時選對管道，申購費率甚至可降至一折。

至於產品分析中的最後一個問題：交易限制，最典型是房產買賣中的限購政策，這些因素會直接影響投資交易成本以及流動性。最近有朋友接到房屋仲介的電話，勸朋友因為政府限購政策，要適當降價或盡快出手。

這些資訊能幫助你更全面理解產品的特點，以及買賣中應該注意的事項。與之前填寫的投資需求交叉對比，可以清楚看出產品是否符合最基本的需求。

❖行動備註

行動備註的欄位，其實是為自己設定投資人紀律以及明確的買賣時點。究竟要以期限為首要考慮因素，還是以止盈、止損線作為操作節點？

某位投資高手的一句話讓我印象深刻：「我賣出產品的唯一理由，是買入的理由消失了。」

投資的第一步，不妨從填寫投資表單中的行動備註開始。這份表單適合在投資前花十分鐘過目。如果猶豫，建議先不要急著投資，此外每次調整投資時，也建議對照這份表單調整。

【資產表單】盤點資產與調控收支

為什麼要整理財務呢？想和錢建立良好的關係，首先要徹底瞭解錢的性格，並與它產生良性互動。清點財務是培養財富親密度最簡單、有效的方法，很多人不重視這件事，但只要嘗試一次，就可以享受充滿掌控力的感覺。

清點資金能獲得三種能力，分別是調控收入和支出的能力、平衡負債和財富的管理能力，以及規劃財富長期增長的能力。

我有朋友在不同平台買了幾個不同期限的P2P網路借貸產品，產品到期後，卻讓錢在帳戶裡長期閒置。

這還不是最浪費的。有次他花兩萬元購買一個月理財產品，結果竟然忘得一乾二淨。幸好後來和朋友聊起，才想起這件事，不然這兩萬元就真的被遺忘了。

你或許也遇過類似的狀況：忽然找到一張很久沒用金融卡，發現還有好幾千塊錢被遺忘在帳戶裡。辦了幾張信用卡，不知不覺忘記某些卡片的繳費日期。沒有好好規劃定投的基金，月初扣款時忽然發現餘額不足。

物品凌亂可能會影響生活品質，沒有把金錢整理好，對你的負面影響更大。現在來做個小測試，看看你是不是真的和錢十分親密：

- 能說出你手上現在有多少錢嗎？
- 你擁有幾張金融卡、幾張信用卡？有沒有使用上的困擾？
- 如果你現在急需五萬元，是否能很快湊齊這筆錢？

你是否發現其實很難掌握自己擁有多少錢？你的財務狀況每天都會發生變化，如果每筆收支、投資和收益都要記錄，難免有點複雜，這時可以使用資產表單（見圖6-5），定期整理財務。

這份資產表單，其實是一張資產負債表，表內的各個項目具體如下：

圖 6-5　資產表單

資產	金額	負債及淨值	金額
現金及貨幣存款		信用卡欠債	
貨幣基金		消費借款	
其他		其他	
流動性資產合計		**消費性負債合計**	
定期存款			
銀行理財			
P2P			
基金			
股票			
儲蓄型保險			
投資性房產			
其他			
投資性資產合計		**投資性負債合計**	
自用房產		自住房產貸款	
自用汽車		自用汽車貸款	
其他自用性資產		其他	
自用性資產合計		**自用性負債合計**	
資產總計		**負債總計**	
淨值			

- 現金及活期存款：包括現金及所有儲蓄帳戶裡的現金總和。
- 貨幣基金：各類貨幣基金的金額總和。
- 其他：其他流動資產，如短期可收回的借款、非貨幣基金類的活期理財等。
- 定期存款：銀行定期存款中的資產，可以按照本金＋填表時可得的利息記錄。填表時可得的利息＝總定存利息×已定存時間÷總定存週期。
- 銀行理財：銀行理財的資產、固定收益類，可以按照本金＋填表時可得的利息記錄。如果是浮動收益類產品，可以記錄本金。
- P2P網路借貸：以P2P形式存在的資產，可以按照本金＋填表時可得的利息記錄。
- 基金：若是場外基金，可以按填表時最新的淨值計算總價值，場內基金則按照最新的市值計算總價值。
- 股票：以股票形式存在的資產，可以按照填表時最新的市值計算總價值。
- 儲蓄型保險：以資產增值為主要目的的保單，簡單來說，是即刻退保也能拿回錢的保險。通常包含現金價值表上，顯示的對應現金價值＋累積分紅。

- 自用房產：自住的房產，可以按照當下的市值記錄。
- 自用汽車：自用的車輛，車輛貶值較快，應考慮填表時的市價。
- 其他自用性資產：其他自用的資產，例如：自用店面、珠寶等，可以按照現在的價格記錄。
- 信用卡欠款：信用卡未償還本金，不含利息（利息的支出應計入收支表）。
- 消費借款：消費貸款未償還的本金，不含利息。
- 投資房產貸款：投資型房產貸款的未償貸款本金，不含利息。
- 自住房產貸款：自住型房產貸款的未償貸款本金，不含利息。
- 自用汽車貸款：自用汽車貸款的未償貸款本金，不含利息。
- 其他說明：如果持有外幣資產，可以按填表時的匯率折算，並單獨標註。

淨值等於總資產減去總負債，也就是淨資產。你會發現：將相應的資產分類，就像收納時，我們會用層架進一步分隔，讓空間看起來更整潔。

資產

簡單來說，資產代表現在或未來能帶來價值的東西。不同類別的資產有不同定義，這些類別可以涵蓋生活中的大部分情況。

- 流動資產：滿足日常生活所需。
- 投資資產：用錢生錢的「小金鵝」。
- 自用資產：房屋、汽車等自用大型物品。

負債

負債是對外的付款承諾，也是我們必須付款的項目。負債在生活中的出現機率極高，如常見的個人或家庭負債、信用卡帳單、車貸、房貸等。根據負債產生的原因，可以分為三類：

- 消費性負債：因消費而產生的負債，如信用卡分期付款。

- 投資性負債：因投資產生的負債，如借貸投資。
- 自用性負債：因購買自用資產而產生的負債，如貸款買車、買房。

只要按照表中的名稱填寫，就可以清楚瞭解自己的資產和負債情況。如果平時有記帳的習慣，填寫起來會更方便，只要把對應的現金、投資，以及房子、車子，按照價值填寫，就能大致瞭解自己的資產負債情況。

不需要太頻繁地整理資產表單，每季或每半年一次即可。這張表單除了讓我們更清楚自己的財務狀況之外，還有個重要的作用：財務體檢時更得心應手。你每次填好表格，使用表中的數據檢查自己的財務安全、負債情況、財富成長情況等，可以隨時把握財務狀況。

【保險表單】未雨綢繆正確選購保險

第四章已經講解過，如何幫正確的人購買對的保險。保險配置齊全後，除了把投資資訊交給家人，還應該把投保的保單整理成一份紙本，並彙整全家人的保單，做成一張表格。圖6-6是一份保險表單，具體資訊可以從保單和保險公司客服獲得。

這份保險表單的功能很豐富。第一，能夠讓家人充分瞭解保險情況，發生意外時可以及時處理。第二，可以提醒我們按時繳保費。第三，能夠檢查每個家庭成員的保額、保費，判斷目前的保險額度是否充分。

填好這張表單後，你不妨結合保單的內容，簡單回顧全家人的保險情況，來查漏補缺。

圖 6-6　保險表單

<table>
<tr><td rowspan="7">保險
基本資訊</td><td>被保險人</td><td>XXX</td><td>○○○</td><td></td></tr>
<tr><td>是否為家庭主要經濟來源</td><td>是／否</td><td>是／否</td><td></td></tr>
<tr><td>保險種類</td><td>意外險</td><td>重疾險</td><td></td></tr>
<tr><td>保險名稱</td><td></td><td></td><td></td></tr>
<tr><td>保額</td><td></td><td></td><td></td></tr>
<tr><td>受益人</td><td></td><td></td><td></td></tr>
<tr><td>保險期間</td><td></td><td></td><td></td></tr>
<tr><td rowspan="5">保單
基本資訊</td><td>保單單號</td><td></td><td></td><td></td></tr>
<tr><td>繳費期限</td><td></td><td></td><td></td></tr>
<tr><td>繳費時間</td><td></td><td></td><td></td></tr>
<tr><td>年繳保費</td><td></td><td></td><td></td></tr>
<tr><td>聯繫電話</td><td></td><td></td><td></td></tr>
<tr><td colspan="2">備註</td><td></td><td></td><td></td></tr>
</table>

【安全表單】建立全家人的安全網

有九〇%的人會忽略填寫安全表單（見圖6-7）。**在緊急情況時，你最親密的人是否能快速掌握你的財務狀況？**是否能馬上支配家裡的錢？每個人都必須準備一份表單，記錄每筆存款和投資資金的平台、有多少錢、帳戶和密碼，以及如何領取。

我會推薦儲存成電子檔案，並列印一份紙本給家人。你可能會說：「把帳號、密碼都寫在紙上，被別人看到豈不是很危險？」因此，你可以把所有密碼的固定位數設置成同一個數值，不要記錄在檔案中，僅口頭告知。

舉例來說，我把所有密碼的最後一位都設為數字6，A卡的密碼為abcde6，B卡的密碼為lalala6。我會口頭告訴家人，所有密碼的最後一位是6，但紙本上寫的密碼只有abcde和lalala。

圖 6-7 安全表單

編號	投資名稱	金額	類型	投資平台	帳號	密碼	備註
1							
2							
3							
4							
5							
6							
7							
8							

按照6步驟操作，加速你的財富累積

介紹完投資理財必備的五份表單，現在來看看如何使用它（見圖6-8）。

第一步：風險表單

已工作三年的安迪剛開始學習理財，他先使用風險表單分析自己的風險偏好，並且得到一份資產配置建議。他的風險承受能力為中級，風險承受態度為中高級，系統給出的建議是四〇%的債券和六〇%的股票，同時得到預期收益率為六．二四%，標準差為一三．九七%。

圖 6-8　安迪的理財規劃

風險表單

客觀風險承受能力為中級
主觀風險承受態度為中高級

預期收益率為6.24%
標準差為13.97%

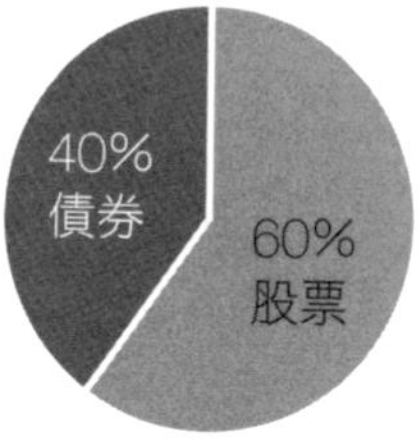

投資表單

投資需求

投入金額5萬元，佔總資產的50%，分成12份每月定額投資，這筆錢預計在五年後拿回。
預期收益：年化收益率為14.8%，可承受最大虧損：20%。

產品分析

1. 投資方向：掛勾的是某個指數，配置相應比例的股票。
2. 發行人／交易平台：某著名的基金公司，資金由銀行託管。
3. 投資期限：可隨時申購贖回（預計持有5年以上）。
4. 投資收益：過去10年的平均年化收益率是10%。
5. 投資風險：曾經出現30%的虧損。

行動備註

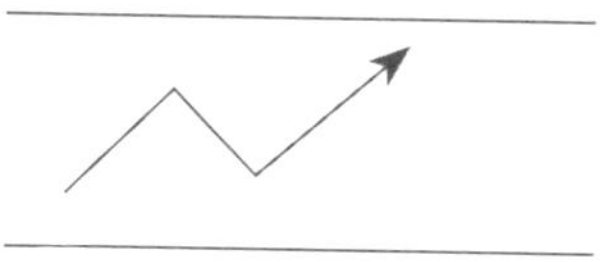

盈利超過15%，
賣出部分盈餘

虧損超過20%，贖回一半
虧損超過30%，全部贖回

第二步：投資表單

上個月安迪拿到一筆五萬元的獎金，朋友向他推薦一支指數型基金。他先填寫投資表單中的需求，準備投入五萬元，佔總資產的五〇％，分成十二份每月定投。因為指數型基金是被動型投資，需要付出的關注和時間較少，而且這筆錢沒有明確的用途，所以可以考慮五年以上的投資期限。

安迪預期，五年後這筆錢最多可以獲得一〇〇％的收益率（年化收益率為一四．八％），升值為十萬元，他能承受的最大虧損是二〇％，本金變成四萬元。

繼續看產品分析，指數型基金與某個指數掛鉤，會根據編制指數的規則，配置相應比例的股票。發行人是某著名的基金公司，資金由銀行託管。指數型基金沒有固定的投資期限，安迪準備持有五年以上，而過去十年的平均年化收益率是一〇％。

第三步：資產表單

安迪安排好五萬元獎金後，六月底開始整理自己的資產負債狀況（見圖6-9）。

圖 6-9　安迪的資產表單

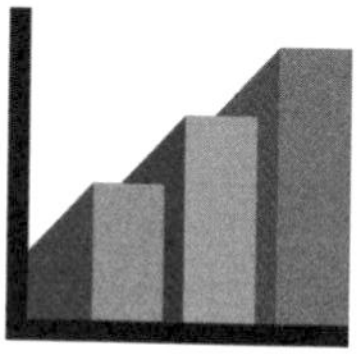

＋6萬元

來源：
- 獎金
- 每月定存
- 投資收益

負債主要是3000元信用卡帳單，負債率不到3%

他拿出資產表單，對照自己各類銀行的帳戶和基金、P2P帳戶，並填寫表格。

他發現自己的淨資產增加六萬元，主要來自獎金、每月定投以及投資收益。負債主要是三千元信用卡帳單，負債率不到三%。

第四步：保險表單

接著，安迪拿出自己和家人共十份保單，填寫相應的資料，並將紙本交給媽媽保存，同時寄送一份電子版給家人。

一旦發生任何保險範圍內的事

故，如生病住院、重大疾病，家人都能及時聯繫保險公司理賠。

第五步：安全表單

安迪把自己所有的帳戶、卡號、戶名、密碼、投資金額、投資期限等資料都填入表格，密碼中間部分用星號表示，並另外製作一份密碼解釋命名規則，只有親人才知道答案。

第六步：日常更新

每季完成資產說明書後，安迪會把自己最新的資產表單、保險表單和安全表單告知媽媽。

聽完安迪的理財情況，現在你會用這五份表單了嗎？相信各位能更清晰地掌握自己的財務和投資。

NOTE / / /

結語
不看盤、低風險，穩健達成財務自由

讀完本書，相信能幫助你快速上手，並理解投資理財的要點。理財是一輩子的功課，無論是學習還是實踐，都永無止境。

希望大家能從本書開始，找到最適合自己的投資理財思路，哪怕未來遇到新的問題，也能找到正確的解決方法。希望認真付出的你，能早日實現財務自由。就像我們一直堅信的：**「讓理財更簡單，讓人生更自由。」**

本書中已經介紹五種表格的使用方法，根據第六章的表格使用方法，提供各式表格範例，各位讀者可以連結「簡七讀財」的微信公眾號，回覆「說明書」即可下載，或是影印空白的表格。

※編輯部整理製作

附　錄

投資理財的5種表格

風險表單【範例】

一、客觀風險承受能力

Part1：
年齡：25歲以下為50分，每多1歲減1分，75歲以上為0分。

年齡：35	得分：40

Part2：

分數	10	8	6	4	2
就業狀況	公職人員	受薪階層	佣金收入者	自營事業者	失業者
家庭負擔	未婚	雙薪無子女	雙薪有子女	單薪有子女	單薪養三代
置產狀況	投資不動產	有自用住宅無房貸	房貸<50%	房貸>50%	無自用住宅
投資經驗	10年以上	6-10年	2-5年	1年以	無
投資知識	有專業執照	財經專業	自修有心得	略懂	一片空白

<20　低風險承受能力
20-39　中低風險承受能力
40-59　中等風險承受能力
60-79　中高風險承受能力
>80　高風險承受能力

得分：34	總得分：74

屬於類型：中高風險承受能力

<table>
<tr><th colspan="6">二、主觀風險承受態度</th></tr>
<tr><td colspan="6">Part1:
對本金損失的容忍程度：可承受虧損的百分比（以一年的時間為基準）。總分50分，不能容忍任何損失為0分，每增加1個百分點增加2分，可容忍25%以上損失的為滿分50分。</td></tr>
<tr><td colspan="3">容忍程度：20</td><td colspan="3">得分：40</td></tr>
<tr><td colspan="6">Part2:</td></tr>
<tr><th>分數</th><th>10</th><th>8</th><th>6</th><th>4</th><th>2</th></tr>
<tr><th>首要考慮因素</th><td>賺取短期差價</td><td>長期得利</td><td>年現金收益</td><td>對抗通膨保值</td><td>保本保息</td></tr>
<tr><th>過去投資績效</th><td>只賺不賠</td><td>賺多賠少</td><td>損益兩平</td><td>賺少賠多</td><td>只賠不賺</td></tr>
<tr><th>賠錢心理狀態</th><td>學習經驗</td><td>照常生活</td><td>影響情緒小</td><td>影響情緒大</td><td>難以入眠</td></tr>
<tr><th>當前主要投資</th><td>期貨</td><td>股票</td><td>房地產</td><td>債券</td><td>存款</td></tr>
<tr><th>未來希望避免的投資工具</th><td>無</td><td>期貨</td><td>股票</td><td>房地產</td><td>債券</td></tr>
<tr><td colspan="6"><20 低風險承受態度
20-39 中低風險承受態度
40-59 中等風險承受態度
60-79 中高風險承受態度
>80 高風險承受態度</td></tr>
<tr><td colspan="3">得分：42</td><td colspan="3">總得分：82</td></tr>
<tr><td colspan="6">屬於類型: 高風險承受態度</td></tr>
</table>

三、投資組合推薦	
適合的投資組合	
貨幣	0.00%
債券	20.00%
股票	80.00%
預期報酬率	7.15%
標準差	18.67%

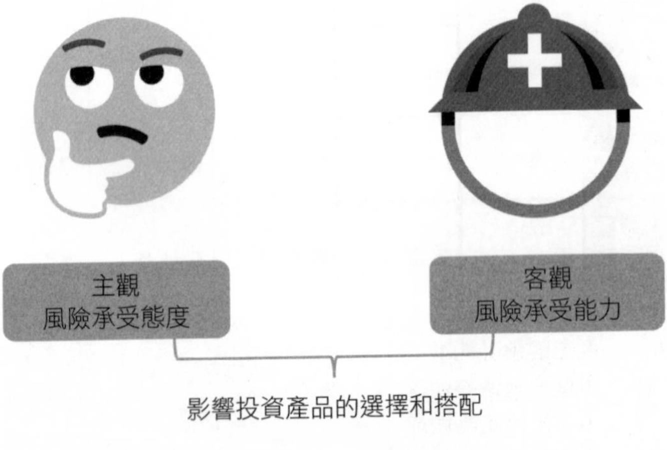

風險表單【實作】

一、客觀風險承受能力

Part1：

年齡：25歲以下為50分，每多1歲減1分，75歲以上為0分。

年齡：	得分：

Part2：

分數	10	8	6	4	2
就業狀況	公職人員	受薪階層	佣金收入者	自營事業者	失業者
家庭負擔	未婚	雙薪無子女	雙薪有子女	單薪有子女	單薪養三代
置產狀況	投資不動產	有自用住宅無房貸	房貸<50%	房貸>50%	無自用住宅
投資經驗	10年以上	6-10年	2-5年	1年以	無
投資知識	有專業執照	財經專業	自修有心得	略懂	一片空白

<20　　低風險承受能力
20-39　中低風險承受能力
40-59　中等風險承受能力
60-79　中高風險承受能力
>80　　高風險承受能力

得分：	總得分：

屬於類型：

二、主觀風險承受態度

Part1:

對本金損失的容忍程度：可承受虧損的百分比（以一年的時間為基準）。總分50分，不能容忍任何損失為0分，每增加1個百分點增加2分，可容忍25%以上損失的為滿分50分。

容忍程度：	得分：

Part2:

分數	10	8	6	4	2
首要考慮因素	賺取短期差價	長期得利	年現金收益	對抗通膨保值	保本保息
過去投資績效	只賺不賠	賺多賠少	損益兩平	賺少賠多	只賠不賺
賠錢心理狀態	學習經驗	照常生活	影響情緒小	影響情緒大	難以入眠
當前主要投資	期貨	股票	房地產	債券	存款
未來希望避免的投資工具	無	期貨	股票	房地產	債券

<20　低風險承受態度
20-39　中低風險承受態度
40-59　中等風險承受態度
60-79　中高風險承受態度
>80　高風險承受態度

得分：	總得分：

屬於類型:

三、投資組合推薦	
適合的投資組合	
貨幣	
債券	
股票	
預期報酬率	
標準差	

投資表單【範例】

投資需求	**1. 投資金額** 投入金額__50000__元，佔總資產__10__% **2. 占用時間** 預計在__十年__（時間）之後需要拿回__55000__（元） **3. 投資目標** 預期收益：__10__% 可承受最大虧損：__15__%	產品分析	**1. 投資方向** 元大寶來台灣卓越50指數股票型基金(台灣50ETF)，台灣最大的50檔股票，股票98.83%、期貨1.17%。 **2. 發行人／交易平台** 由元大投信發行，參與券商包含大和國泰證券、凱基證券、中國信託、永豐金證券等21家。 **3. 投資期限** ■固定投資期限，投資期限為__2019/04__至__2024/04__。 **4. 投資收益** 預期收益率為__6__% **5. 投資風險** 投資曾經發生的最大虧損是__28__%，對我而言是高風險。 **6. 投資費用** 我需要付出__千分之1.425買賣手續費和千分之1證交稅__交易費，具體包括__買賣手續費與證交稅__。 **7. 交易限制** 該產品的購買限制或交易限制？（時間／金額／政策）__無__

行動備註

1. __5年__（時間）後賣出一半
2. 在獲利__10__%後賣出一半
3. 在虧損__5__%後賣出一半

投資表單【實作】

<table>
<tr>
<td>投資需求</td>
<td>1. 投資金額
投入金額 ______ 元，佔總資產 ______%
2. 占用時間
預計在 ______（時間）之後需要拿回 ______（元）
3. 投資目標
預期收益：______%
可承受最大虧損：______</td>
<td>產品分析</td>
<td>1. 投資方向
該產品背後的具體投資品是？比例分別是？
2. 發行人／交易平台
該產品的發行人是誰？有哪些參與者？
3. 投資期限
□固定投資期限，投資期限為 ______ 至 ______。
□非固定收益類投資，計畫投資多久？
4. 投資收益
預期收益率為 ______%
5. 投資風險
投資曾經發生的最大虧損是 ______%，對我而言是高／中／低風險。
6. 投資費用
我需要付出 ______ 元交易費，具體包括 ______。
7. 交易限制
該產品的購買限制或交易限制？（時間／金額／政策）</td>
</tr>
<tr>
<td colspan="4">行動備註</td>
</tr>
<tr>
<td colspan="4">1. ______（時間）後賣出
2. 在獲利 ______%後賣出
3. 在虧損 ______%後賣出
4. 在 ______（變化）後賣出</td>
</tr>
</table>

資產表單【範例】

資產	金額	負債及淨值	金額
現金及貨幣存款	100000	信用卡欠債	5500
貨幣基金	10000	消費借款	0
其他	0	其他	0
流動性資產合計	**110000**	**消費性負債合計**	**5500**
定期存款	50000		
銀行理財	20000		
P 2 P	0		
基金	15000		
股票	0		
儲蓄型保險	5000		
投資性房產	0		
其他	0		
投資性資產合計	**90000**	**投資性負債合計**	**0**
自用房產	0	自住房產貸款	2000000
自用汽車	600000	自用汽車貸款	0
其他自用性資產	0	其他	0
自用性資產合計	**600000**	**自用性負債合計**	**2000000**
資產總計	**800000**	**負債總計**	**2005500**
淨值	**-1205500**		

資產表單【實作】

資產	金額	負債及淨值	金額
現金及貨幣存款		信用卡欠債	
貨幣基金		消費借款	
其他		其他	
流動性資產合計		**消費性負債合計**	
定期存款			
銀行理財			
P2P			
基金			
股票			
儲蓄型保險			
投資性房產			
其他			
投資性資產合計		**投資性負債合計**	
自用房產		自住房產貸款	
自用汽車		自用汽車貸款	
其他自用性資產		其他	
自用性資產合計		**自用性負債合計**	
資產總計		**負債總計**	
淨值			

保險表單【範例】

保險基本資訊	被保險人	吳柏毅	吳柏毅	吳柏毅	傅潘達	傅潘達	吳柏韻
	是否為家庭主要經濟來源	是	是	是	否	否	否
	保險種類	壽險	重疾險	意外險	壽險	意外險	壽險
	保險名稱	台灣人壽小額終身壽險	台灣人壽重大傷病健康保險	台灣人壽傷害保險	台灣人壽小額終身壽險	台灣人壽傷害保險	台灣人壽小額終身壽險
	保額	50萬	300萬	100萬	50萬	100萬	50萬
	受益人	吳柏韻	傅潘達	傅潘達	吳柏韻	吳柏韻	傅潘達
	保險期間	20年	1年	10年	20年	10年	20年

保單基本資訊	保單單號	202004270001	04271023456	200427567890	202004270002	200427567891	202004270003
	繳費期限	2040/04/26	2021/04/26	2030/04/26	2040/04/26	2030/04/26	2040/04/26
	繳費時間	每年 4/27	每年 3/30	每年 5/1	每年 4/27	每年 5/1	每年 4/27
	年繳保費	15000	5500	938	15000	938	10600
	聯繫電話	02-22000001	02-23456789	03-3456789	02-22000001	03-3456789	02-22000001
備註							

保險表單【實作】

保險 基本資訊	被保險人			
	是否為家庭主要經濟來源			
	保險種類			
	保險名稱			
	保額			
	受益人			
	保險期間			

保單 基本資訊	保單單號			
	繳費期限			
	繳費時間			
	年繳保費			
	聯繫電話			
備註				

安全表單【範例】

編號	投資名稱	金額	類型	投資平台	帳號	密碼	備註
1	台灣50ETF	50000	ETF	元大證券	abcdab	Y123456	
2	錢寶寶定存	30317	定存	中國信託	okok520	C123456	
3	中國信託華盈貨幣市場基金	20000	基金	中國信託	okok520	C123456	
4	外幣日幣	200000	貨幣	玉山銀行	jademon	J123456	
5	外幣美金	100000	貨幣	玉山銀行	jademon	J123456	
6							
7							
8							

安全表單【實作】

編號	投資名稱	金額	類型	投資平台	帳號	密碼	備註
1							
2							
3							
4							
5							
6							
7							
8							

國家圖書館出版品預行編目(CIP)資料

稅務專家教你用指數基金賺千萬：簡單5張表格，幫你達成財務自由！
／簡七著. -- 新北市：大樂文化，2020.05
256 面；14.8×21 公分. --（Money；25）

ISBN 978-957-8710-71-9（平裝）

1. 個人理財 2. 投資

563.5 109003977

BIZ 025

稅務專家教你用指數基金賺千萬

簡單5張表格，幫你達成財務自由！

作　　者／簡　七
封面設計／蕭壽佳
內頁排版／思　思
責任編輯／林嘉柔
主　　編／皮海屏
發行專員／劉怡安、王薇捷
會計經理／陳碧蘭
發行經理／高世權、呂和儒
總編輯、總經理／蔡連壽

出 版 者／大樂文化有限公司
地址：新北市板橋區文化路一段 268 號 18 樓之1
電話：（02）2258-3656
傳真：（02）2258-3660
詢問購書相關資訊請洽：2258-3656
郵政劃撥帳號／50211045　戶名／大樂文化有限公司

香港發行／豐達出版發行有限公司
地址：香港柴灣永泰道 70 號柴灣工業城 2 期 1805 室
電話：852-2172 6513　傳真：852-2172 4355

法律顧問／第一國際法律事務所余淑杏律師
印　　刷／韋懋實業有限公司

出版日期／2020 年 5 月 28 日
定　　價／290 元（缺頁或損毀的書，請寄回更換）
I S B N　978-957-8710-71-9

大樂文化

大樂文化